eビジネス
新

No.

経済



# コロナ時代の不動産

週刊東洋経済eビジネス新書　No.352

# コロナ時代の不動産

本書は、東洋経済新報社刊『週刊東洋経済』2020年7月4日号より抜粋、加筆修正のうえ制作しています。情報は底本編集当時のものです。このため、新型コロナウイルス感染症による、その後の経済や社会への影響は反映されていません。（標準読了時間　90分）

コロナ時代の不動産　目次

今後の市況はどうなるか

## コロナで翻弄される不動産

「長期戦を覚悟している」。三井不動産の菰田正信社長は2０年5月1３日の決算説明会で厳しい見通しを語った。２０２1年3月期、同社の営業利益は前期比２８％減に沈む見込みだ。運営するホテルの稼働率低下や、商業施設の賃料減免が足を引っ張る。

新型コロナウイルスの感染拡大は不動産業界にも激震をもたらした。影響が顕在化し始めた２０２０年2月、まず海外投資家が取引を見合わせるようになった。3月に入ると都市部の商業施設やホテルといった日銭商売のアセット（資産）で稼働率が急落。テナントやホテル運営者から賃料減免要請が殺到した。

そして緊急事態宣言が発令された4月、不動産市場はいよいよ凍結状態に陥った。

投資家向けに収益物件を売買するヒューリックは、「外出自粛の影響で、内見やデューデリジェンス（資産査定）が進まなくなった」という。オフィステナントにも退去や縮小移転の動きが現れ、不動産各社は一斉に市況悪化に身構えた。

それから2カ月。緊急事態宣言が解かれ、街中に客足が戻り始めると、不動産業界に漂っていた悲壮感は幾分和らいだ。取引も順次再開し、「一部取引で遅延があるものの、一気に投資家が手を引くというドラスティックな動きにはなっていない」（日本不動産研究所の吉野薫主任研究員）。

だが、不動産市況の先行きが明るいとは決していえない。かといって暴落するという懸念も聞こえてこない。奇妙な「なぎ」を読み解くカギは、リーマンショック時とは異なる金融環境にある。

## 「リーマン」再来はない？

2008年9月、米投資銀行リーマン・ブラザーズの破綻を機に広がった金融危機は、日本の不動産市場をも直撃した。新興の不動産会社が相次いで倒産し、大手デベロッパーも保有物件の評価損で巨額赤字を余儀なくされた。

リーマンショックの直前には、新興不動産会社を中心に、開発資金を目いっぱい借り入れて投資家向けに収益物件を開発・売却し、利ザヤを稼ぐビジネスモデルが跋扈(ばっこ)していた。更地や地方の築古ビルといった、キャッシュフローをほとんど生まないような不動産であっても、転売による値上がり益を期待した投資家や金融機関から資金が集まった。

買い手側の投資家も、不動産投資に前のめりだった。東京建物の小澤克人取締役常務執行役員は、当時の不動産業の雰囲気をこう振り返る。「独立系の運用会社を中心にファンドがどんどん設立された。期限までのリターンを求められるので、とにかく投資をしないといけない。どこかで不動産価格が上がるのではという話が出ると、みなワーッと群がっていった」。

そうしたビジネスモデルは、リーマンショックで瓦解した。手持ち資金が枯渇し流動性の危機に陥った金融機関が、融資を急に厳格化したからだ。金利が低いからと借入期間を短期に設定していた不動産会社は借換資金に窮した。「『カタカナ系』（社名がカタカナの新興不動産会社）が物件を投げ売りしたので不動産価格が暴落し、われわれも痛手を被った」（大手デベロッパー）。今でもそんな恨み節が漏れる。

リーマンショックとコロナショックの決定的な違いはこの点にある。日本銀行を筆頭に各国の中央銀行が超緩和的な金融政策で市場や金融機関に資金を供給しているため、不動産業に対する貸し渋りや貸し剥がしは起こっていない。資金調達環境に余裕があるため、市況が崩れにくいのだ。

# 「カネ詰まり」から「カネ余り」へ

**リーマンショックとコロナショックでの不動産市況の違い**

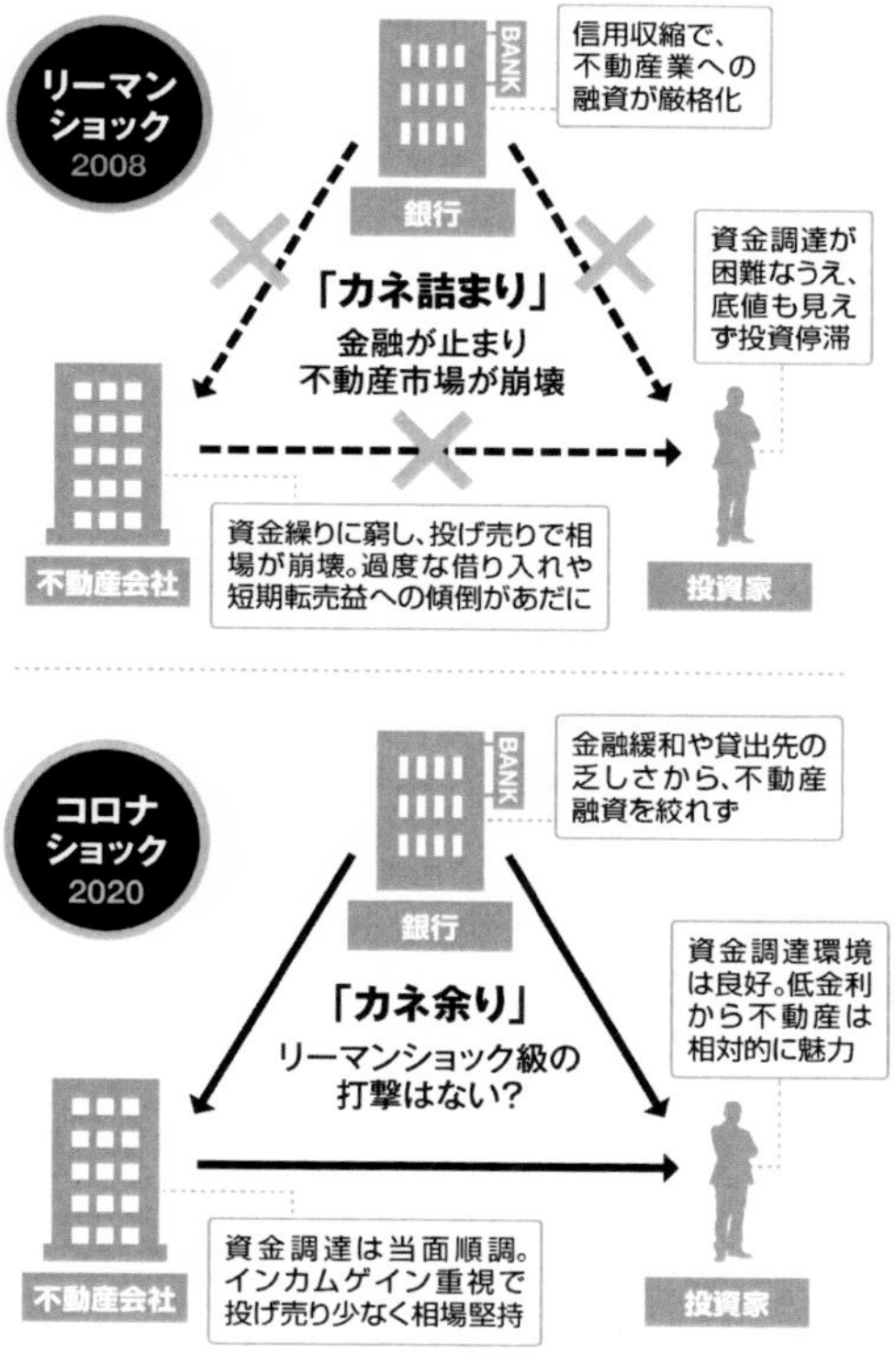
リーマンショック 2008
BANK
銀行
信用収縮で、不動産業への融資が厳格化
「カネ詰まり」
金融が止まり 不動産市場が崩壊
資金調達が困難なうえ、底値も見えず投資停滞
不動産会社
資金繰りに窮し、投げ売りで相場が崩壊。過度な借り入れや短期転売益への傾倒があだに
投資家
コロナショック 2020
BANK
銀行
金融緩和や貸出先の乏しさから、不動産融資を絞れず
「カネ余り」
リーマンショック級の 打撃はない?
資金調達環境は良好。低金利から不動産は相対的に魅力
不動産会社
資金調達は当面順調。インカムゲイン重視で投げ売り少なく相場堅持
投資家

コロナ禍が収束するアフターコロナの時期については楽観と悲観が交錯するが、不動産各社では、2020年の4～6月でいったん底を打ち、21年3月末にかけて徐々に回復していくという見立てが大勢だ。3月末でも8割回復にとどまると予想する住友不動産は、「保守的に業績前提を立てている」（同社）。また、「6月以降のモデルルームへの客足が読めないため業績予想を未定にしているが、5月時点で契約済みの住戸が豊富にあるため、業績が大きく落ち込むとは思っていない」（中堅マンションデベロッパー）と、影響は小さそうだ。

ただし、同じ不動産でもアセットタイプによってコロナ禍の影響に大きな差があることには注意が必要だ。最も深刻な打撃を受けたのはインバウンド（訪日外国人）需要が蒸発したホテル。次に、アパレルや外食業などをテナントとする都心立地の商業施設が苦しい。

一方、郊外に立地し、食品スーパーやドラッグストア、ホームセンターなど日常使いのテナントが中心の物件は巣ごもり消費の恩恵を受け好調だ。

コロナ禍の中で、投資家から注目されたアセットの1つが賃貸マンションだ。オフィスと異なり住宅の家賃は景気変動に強く、リーマンショック時でも下げ幅は限定的だった。今は外出自粛で引っ越しが減り、高い稼働率を維持できている。新規開発の用地も、競合することの多かったホテルが壊滅したため、より低コストで取得できるようになった。

物流施設も投資家からの引き合いが強い。コロナ禍以前からEC（ネット通販）拡大で投資物件として注目されていたが巣ごもり消費でさらにニーズが高まっている。ただ、物流施設の取得競争は過熱気味で、利回り面の魅力は薄れている。また1件当たりの開発金額が大きいため、デベロッパーからは「系列REIT（不動産投資信託）に組み込みたいが、1件だけでポートフォリオのかなりの部分を占めてしまうのでリスク管理上、難しい」という悩みも聞かれる。

コロナ禍で興味を示す不動産会社が大きく増えたアセットはデータセンターだ。景気変動への強さやリモートワーク普及に伴う通信需要の拡大、次世代通信規格「5G」の導入など材料には事欠かない。

欧米では専用のREITが組成されるほど投資商品としての地位を確立しているが、

国内で新規開発に動く不動産会社は三井不動産や京阪神ビルディングなど一部にとどまる。データセンターに対する不動産各社の視線を「15年前の物流施設を見ているようだ」と評する向きもあり、数年後には今の物流施設のように不動産投資対象として人気が出そうだ。

## 「買い場」を探る投資家たち

**不動産市場に対するコロナ影響の見通し**

### 1 物流施設のニーズが高い
—物件の取得意欲—

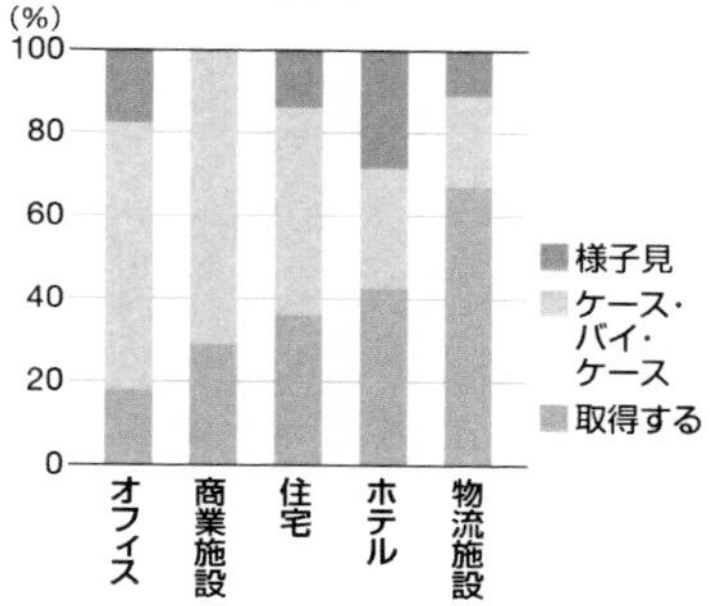


### 2 ホテルは「下がる」が大勢
—価格の見通し—

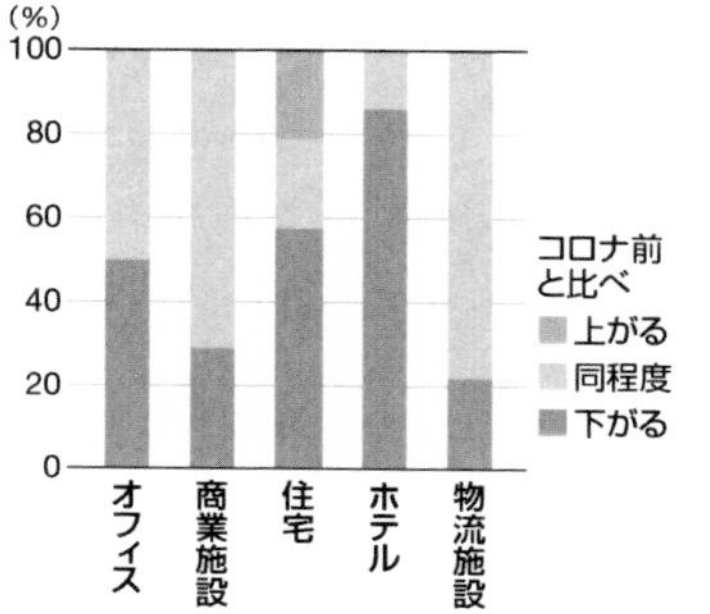

また、苦境にあえぐホテルを狙う逆張りの投資家も少なくない。不動産サービス大手CBREの武藤淳一郎キャピタルアドバイザーは、「安値で売り出される物件は、ホテルを含めて多くの投資家が口を開けて待っている状態」と話す。

不動産取得に必要な鑑定評価の現場でも、「20年や21年はキャッシュフローを低く見積もるものの、21年には回復すると見込んでいる。売却する際の価格（復帰価格）についても、保守的に見積もる状況ではない」（大和不動産鑑定リサーチ&マーケティング室の船越毅氏）。

足元では稼働率や客室単価の下落に苦しむホテルだが、時間が経てば訪日外国人が戻り、ホテルの収益性は回復するという見立てだ。不動産ファンドを運用するケネディクスの宮島大祐社長は、「長期的には成長していくセクターであり、案件があれば積極的に取り組みたい」と意欲を示す。

価格次第ではあるものの、運用難に悩む機関投資家にとって不動産は依然利回りの高い魅力的な投資対象だ。別の不動産ファンド運用会社の社長は、「3～5月は外出自粛で物件取得ができなかった。投資家から予算の消化をせかされ、取得を急ぐファンドもあるだろう」と話す。

大和不動産鑑定が5月に物件取得担当者に行ったアンケートでは、値下がりへの警戒感はあるものの、物流施設やホテル、住宅の取得意欲が示されている。実際、5月下旬から同社への不動産鑑定依頼が増えており、取引件数は今後増加するとみられる。

買い場を待つ投資家が多いことは知られているため、売り手も弱気ではない。中堅不動産会社のサンフロンティア不動産の堀口智顕会長は、「3月には決算対策で相場より1割ほど安く売買されていた物件も少しあったが、値崩れを起こすほどの取引はない」と話す。

資金調達が容易なのは売り手も同様。「売りに出る物件はあるが、買い手の提示する価格が魅力的ではない。金融機関が返済を迫るわけでも、売り手が資金繰りに切羽詰まっているわけでもないので、安値で売り急ぐ動きはない」(CBREの武藤氏)。

投資家への収益物件売却を成長エンジンとして掲げていた野村不動産や東京建物は、目先は賃貸マンションやオフィスビルなどコロナ禍の影響が比較的軽いアセットを優先的に売却し、ホテルや都市型商業施設は市況が回復するまで保有する戦略を採る。

テナントは入居済みのため、売却までは賃貸益を享受する。安値で買いたたかれないよう売却時期を見定める。

## 実体経済は悪い

多少の価格調整はあるものの、大幅な落ち込みはないというのが、現時点での不動産市況のメインシナリオだ。「リーマンショック時には金融不安が長期の不安要素につながったが、今回の市況変動は金融不安から発生したものではない」（野村不動産ホールディングス）というコロナショックの性質が、暴落回避の根拠となっている。

だが、実体経済は悪い。2020年1～3月期の実質GDP（国内総生産）成長率の2次速報値は、年率換算でマイナス2・2％という厳しい数字。さらにコロナ禍が直撃した4～6月期は、落ち込み幅が文字どおり「リーマンショック級」に悪化するとの観測が大勢だ。

その一方で金融市場は前のめりだ。日経平均株価は3月に1万6000円台まで下落したが、11月25日には2万7000円台まで戻した。行き場のない緩和マネーが価格を押し上げている構図は不動産も同様だ。

オリックス銀行の浦田晴之取締役会長は、「これだけ資金がだぶついていると何かの拍子でバランスが崩れることがある。コロナ禍が落ち着いて金融支援を継続するかどうかの必要性が議論され始めれば、(実体経済と金融経済との)ギャップが顕在化して大きなショックに発展することを心配している」と懸念をにじませる。

不動産業界にとってコロナショックは危機か、好機か。先行き不透明な中でも投資機会を探り、アセットのあり方を変えようとするデベロッパーや投資家たちの戦略を点検していく。

(一井 純)

## 正念場の宿泊・商業施設にオーナーの苦悩は続く

「たいへんな逆風下でのスタートとなった」。20年4月1日に就任した東急不動産ホールディングスの西川弘典社長は、険しい表情で2020年3月期決算説明会の口火を切った。

それもそのはず、大手デベロッパーの中で東急不動産はコロナ禍の影響が最も大きく、今期の営業減益幅は5社中で最大になるとみられる。ホテル「東急ステイ」や東急ハンズ、リゾート施設、フィットネスクラブなどが軒並みコロナでダメージを受ける。

## ホテルや商業施設を抱える企業が大幅減益に
### —大手デベロッパーの今期業績予想—

| 社名 | 今期営業利益（億円） | 前期比（%） |
|---|---|---|
| 東急不動産HD | 500 | ▲37.0 |
| 三井不動産 | 2,000 | ▲28.7 |
| 三菱地所 | 1,850 | ▲23.2 |
| 住友不動産 | 2,040 | ▲12.9 |
| 東京建物 | 530 | 1.1 |
| 野村不動産HD | 未定 | — |

（注）各3月期、東京建物のみ12月期。HDはホールディングスの略。▲はマイナス　（出所）各社決算資料

## 衣料品・外食が急減
### —月次売上高推移—

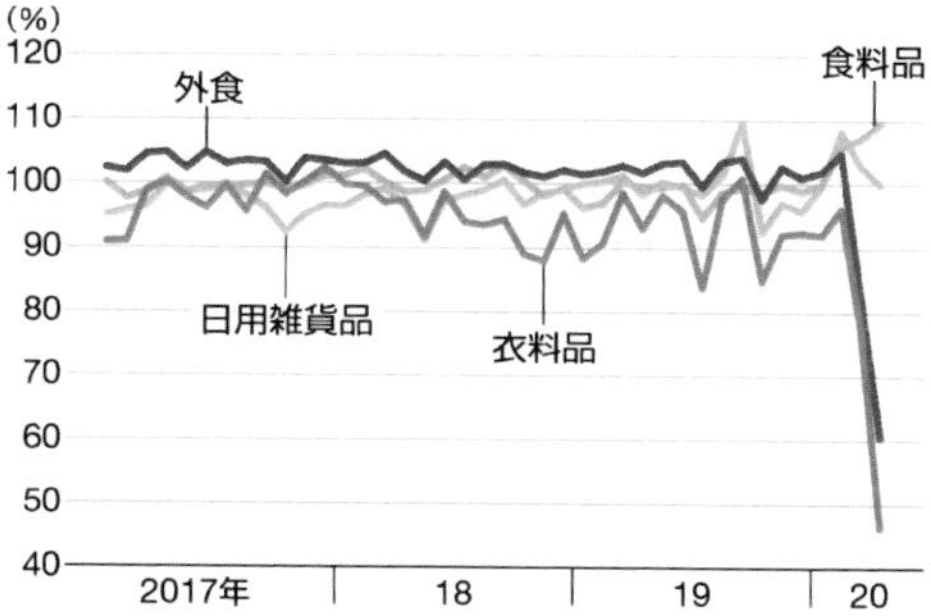


（注）前年同月比。外食は新規店を含む
（出所）日本チェーンストア協会、日本フードサービス協会

## 固定賃料さえ守れず

不動産業界では、ホテルや商業施設を「オペレーショナルアセット」と呼ぶ。同じ賃貸不動産でも、オフィスやマンションなら入居者がつけば契約期間中は一定の賃料が固定的に入ってくる。対してオペレーショナルアセットでは、入居するテナント（ホテル運営者や店舗）の巧拙（こうせつ）によって収益が大きくぶれる。好調時は上振れが狙える分、崩れたときの損失も大きい。

そのためホテルや商業施設のオーナーはリスクヘッジのため、売り上げに連動する変動賃料と、売り上げにかかわらず毎月一定額を受け取る固定賃料を組み合わせる。テナントの業績が悪化しても、固定部分は確保できるという算段だ。

だが、今回の長期自粛で外食やアパレルといった「不要不急」のテナントの収益が急速に悪化。賃料減免要請が相次いだ。

物件のオーナーは契約上、固定賃料を減免する必要はない。だが、「一度テナントが退去すると、埋め戻すまでに時間がかかり、機会損失が生じる。ショッピングモールなどではテナントが歯抜けになっている様子は見栄えもよくない」（商業施設を保有する上場REITの関係者）。

悩みは売り上げの減少だけではない。ある上場不動産会社は、決算発表資料の文言調整にたいへんな苦労をした。「『商業施設のテナントの賃料を減免するため減益になる』と書くと、『うちは減免してくれるのか』というクレームが飛んでくる」。結局、この会社はどのような施設で賃料減免を行ったかを意図的にぼかした。

別の不動産会社も、「騒動に便乗した賃料減免依頼が少なくない。そういうテナントには、どれだけ収益が悪化したかを示す決算書を求めることにしている。そうすると、依頼を取り下げ、すごすごと去っていく」とあきれる。

横暴なテナントもいる。東京・銀座の雑居ビルの看板に貼られた営業終了を伝える珍妙な告知には、「新型コロナウイルスの猛威が天変地異に該当すると国が認定したため、賃貸借契約が消滅いたしました」とある。

テナントの飲食店からビルのオーナーへ、天変地異だから賃貸借契約は消滅した、と一方的に通告している。むろん、新型コロナで賃貸借契約が自動的に消滅するわけではない。賃料の支払いや契約解除の違約金を免れたいテナントの浅知恵だ。

ニッセイ基礎研究所の渡邊布味子准主任研究員は、「テナントからコロナ禍で賃料が払えないと主張されれば、オーナー側から賃貸借契約を解除することができない。賃料の延滞が長期化しながら契約を解除できないというリスクを抱えるよりは、価格下落を覚悟のうえで賃料減額に応じるオーナーもいるのでは」と分析する。

他方で、商業施設自体に競争力があれば、営業再開後の客足回復は意外に早い可能性もある。6月4日にオープンした「三井アウトレットパーク横浜ベイサイド」。当初の開業予定日は4月10日だった。2度の延期を経て開業したところ、オープン日が平日だったにもかかわらず、施設を取り囲むほどの行列ができていた。

東京建物が群馬県伊勢崎市に保有するショッピングモール「スマーク伊勢崎」でも、「5月中旬の営業再開後、程なく7〜8割の客足が戻っている。テナントが賃料を支払いつつ営業を続けられる水準だ」（小澤克人常務）。

## ホテルは苦境が続く

同じオペレーショナルアセットでもホテルの復調は遠い。三菱地所は会社全体の事業の回復を9月末と見込むが、「ホテルの回復はさらに時間がかかるだろう」（吉田淳一社長）。

星野リゾート・リート投資法人は、「新型コロナのワクチンや治療薬が登場するまで、約1年から1年半は影響を受ける」とする。保有するホテル61物件の賃料収入は、20年4月期は61億円だったが、21年4月期には43億円まで縮小すると見込む。

不振の続くホテルに見切りをつける動きも出てきた。投資法人みらいは、保有する「ホテルWBF淀屋橋南」をオフィスに用途変更する。ホテル運営者のWBFホテル&リゾーツが4月に民事再生法の適用を申請したことや、大阪ではホテルが飽和状態にあることを考慮した。

当面はホテルの新規供給も細っていきそうだ。都内の不動産再販業者の元には、デベロッパーからホテル用地案件が多数持ち込まれているという。だが、「地型が悪く、開発が難しい土地ばかり」と、商談が進む気配はない。

投資信託協会によれば、20年4月時点でREITに組み入れられている物件数は、

10年5月時点と比べ商業施設が3倍、ホテルに至っては7・8倍に膨らんだ。1・7倍の住宅や1・8倍のオフィスと比較して、急速に拡大したことがわかる。

振れ幅の大きい不動産に対するリスクの取り方ははたして適切だったか、コロナ禍は不動産のオーナーや投資家に問いかけている。

（一井　純）

疑義注記が付いたTHEグローバル社

# 新興ホテルが陥った危機

ライター・小野悠史

大きな打撃を受けたホテル市場。ついに上場企業にも魔手が迫る。中堅マンションデベロッパーの「THEグローバル社」（東証1部、以下グローバル社）はその1社だ。同社が2020年5月15日に発表した決算短信で、企業の継続性に不透明さが生じたとして「継続前提に関する注記」（疑義注記）が付けられた。リーマンショックも乗り切ったマンションデベロッパーに何があったのか。内情を探ると、コロナショック前から内在していたホテル市場の危うさが明らかになった。

## 参入前から飽和状態

関係者の話を総合すると、グローバル社はすでに19年から経営不振に陥っていた。20年2月ごろには自力での継続が困難になり、スポンサー探しに奔走していた。

グローバル社からスポンサーの打診を受けた不動産ファンドの関係者は語る。「主力の分譲マンション事業は問題ないが、ホテル事業のほうは、売却後も借り上げるリースバックの賃料が重く、今の市況では年間15億~20億円くらいの損失があるはず。とても手が出せる状態ではなかった」。

同社は2018年ごろから、子会社を通じて京都や東京でホテル開発を積極的に進めた。主力の分譲マンションとは別の柱を育てようと、10~30室の小型ホテルを京都市内に集中して開発し、ホテルスタッフや宿泊客を相互にやり繰りする戦略をもくろんだ。

18年の段階ではこの計画を「無限に拡がるホテルプロジェクト」と周辺に説明していた。京都市内だけで約1000室のオープンを予定し、将来的には市内のホテルで最多となる合計2000室まで増やすと豪語していた。

通常、デベロッパーは開発したホテルを投資家に売却した時点で利益が確定する。しかし、グローバル社はリースバックという事業モデルを採用。ホテルを売却した後、自身がホテル運営者となって投資家からホテルを借り上げた。宿泊料収入などを得る一方、投資家へ毎月賃料を支払っていた。売却益だけでなく運営収入も享受できる反面、稼働率が下がれば損失を被るリスクを伴う。

「コロナショック以前からホテル市場は飽和状態だった」。リースバックのリスクを指摘するのは、AI（人工知能）を活用した宿泊市場の分析を行うメトロエンジンの和田拓馬取締役だ。「この数年、インバウンドは増加していたが、国内総宿泊数は横ばい。当社の分析では、19年にはホテルは過剰供給の状態になっていた」（同）。

とくにインバウンド需要を期待した京都のホテルの供給過剰は深刻で、京都市内には19年までの5年間で5000室以上が増加した。用地費や建築費だけでなく、集客コストを含む運営費用も高騰していた。グローバル社がホテル事業にのめり込んだ18年ごろには、すでにバブルは終盤にさしかかっていた。

ホテル同士で宿泊客を融通し合うという当初描いた戦略も、実際には小ぶりの用地しか買えなかったゆえの苦肉の策だった可能性がある。また、同社のホテルはコンセプトやデザインにクセがあり、収益性の予測が難しく、リースバックによる賃料保証がなければ投資家への売却ができなかった。

そのリースバックについても、投資家が求める利回りになるよう、稼働率や宿泊単価の想定が楽観的だった。冒頭のファンド関係者によれば、グローバル社が投資家に払う賃料は稼働率75％くらいの前提。ホテル運営者としては90％前後の稼働率を続けないと利益を十分確保できない状態だったようだ。

同社の決算短信には先行きへの不安がにじむ。20年6月期は14億円強の営業損失となる見込みで、疑義注記も付された。

決算短信には、金融機関へ融資返済の期日延長と追加融資を交渉中で、工事会社と建築費の支払い条件見直しの協議を行っているとの記載がある。だが、金融機関等からの新たな資金調達について確実な見通しが得られる状況にないと決算短信に記載せざるをえなかった。

本誌が入手した資料によれば、グローバル社は京都市内に20年6月末や9月に竣工予定のホテルを抱えるが、こうした建設中ホテルの売却を進める意向だ。

ただ「物件処分で何とかする状況は過ぎており、今は金融機関主導で再建策を模索する段階だ」（信用調査会社幹部）。当のグローバル社は、ホテル事業の不振について「取材は受けられない」と回答した。

## 投げ売り物件を狙う動き

グローバル社以外にもマンション事業からホテル事業へ展開するデベロッパーは多い。投資用マンション開発のプレサンスコーポレーションは、71億円のホテル用地を保有している（19年末時点）。

だが、「マンションデベロッパーは中途半端にホテルに手を出してくる」というのがホテル業界関係者の評。「ウィークリーマンションに毛が生えた程度のものを造りがちだ。そうしたホテルでもインバウンドが多かったときなら一部のホテル運営者が高値で借り上げてくれた。しかし今は違う。ホテル運営までやっているマンションデベロッパーはかなりきついはず」(同)。ホテルバブルの終焉に気をもむ不動産関係者は多い。

マンションデベロッパーによるホテルへの過剰投資が行き詰まる一方で、潤沢な資金を持つ買い手が投げ売りされたホテルを狙う動きが出ている。ホテルの運営や開業支援を行うスターリゾートは、6月4日からホテル売買のマッチングサイト「M&Aホテル」を開設。すでに売り手30社に対して、買い手は70社以上の登録があるという。佐々木優也社長によると、積極的な買い手企業としては、潤沢な資金を持つ不動産ファンドや電鉄系の関連会社が目立つという。

「市場が厳しいときに大手資本がしっかり仕込む流れはリーマンショックのときと同じ。かつてのアパグループのように、体力がある企業はコロナ後、さらに大きくなるだろう」(佐々木社長)

足元ではユニゾホールディングスが傘下企業の所有するホテルを相次いで売却するなど、売買市場にも動きが見えてきた。3~5月は「コロナショックでホテルの稼働率が10％前後にまで落ちた。過去に例がない事態で、ホテルの価値がどれだけ下がったか計算もできなかった」と不動産ファンド関係者は振り返る。だが、「6月に入り、売買事例が出てきた。コロナ前の価格から6割減くらいが下限になりつつある。一応の目安ができたので、これから売買は活発になるだろう。意外に回復は早いかもしれない」。宴の後には誰が残るのだろうか。

小野悠史（おの・ゆうじ）
1982年広島県生まれ。業界紙を経てフリー。不動産・住宅業界を中心に取材。市街地再開発や不動産行政、不動産テックの動向に注目している。

オーナーが一方的に閉館、賃料交渉も拒否

## テナントが続々撤退　銀座一等地の異変

東京アラートも解除され、人通りが戻りつつあった東京・銀座。そんな中、まばらにしか人が入っていない商業ビルがある。一等地の銀座1丁目で、中央通りに面して立つ「キラリトギンザ」だ。

エスカレーターで2階に上がると広い空きスペース。かつて宝石店が並んでいた空間だ。6階の着物店は看板だけで、中はもぬけの殻。飲食店が入っていた7階はシャッターが下りている。

最近撤退を決めたイタリアンレストラン「トラットリア・デル・パチョッコーネ銀座」を営業していたクオルスの高波利幸社長は、「こんなことになるとは。完全に想定外だった」と肩を落とす。何が想定外の事態を招いたのか。

パチョッコーネ銀座は、2014年秋、キラリトギンザの開業と同時にオープンした。高額な家賃にもかかわらず高波氏が入居を決めたのは、リーシング（テナント誘致）の際に提示されたビルの集客力から試算した売り上げに期待が持てたからだ。当時のリーシング資料には「銀座中央通りに残された最後の大規模開発」という威勢のよい文句が並ぶ。

ところが、オープンしてすぐに客の入りが想定を大きく下回ることが発覚した。高波氏はリーシングした管理会社に「聞いていた内容と随分違う。賃料の減額を検討してもらえないか」と相談した。しかし、聞き入れられなかった。ほかの店舗からも「まずいビルに入ってしまったかもしれない」という焦りの声が漏れ始めた2015年夏、青天の霹靂（へきれき）が起きた。オーナーだったオリックスがキラリトギンザを売却したのだ。

## オーナーの姿が見えない

困惑した飲食店経営者たちをさらに動揺させたのは、新しいオーナーの姿が見えないことだった。売却先として不動産登記簿に記されたのは、「ＧＫ００１」というＳＰＣ（特定目的会社）。このＳＰＣに出資しているのは某産油国の政府系ファンドだ。オーナーと賃料交渉をしたくても、それが誰なのかわからない。そんな状況に何年も耐え忍んできたところへコロナ禍が直撃した。

営業自粛要請を受けて賃料の減額や免除の方針を固め、テナントとの〝痛み分け〟を模索する動きが多くの不動産オーナーの間で広がった。

だが、キラリトギンザのオーナーは痛み分けを拒否。賃料を支払わないテナントに退去を迫り、契約期間を残して退去するテナントには残存期間の賃料支払いを求めた。都市部で増えている定期借家契約は、通常の借家契約と違い、このような対応が可能なのだ。

キラリトギンザの特異さが際立ったのは、ビルの一時閉館が突如発表された２０年4月上旬のこと。「明日から店を閉めるように」。前日に管理会社からそう告げられた店舗の経営者は「一方的だ。強引すぎる」と、いきりたった。営業が認められないのであれば賃料を減額してほしいと求めると、次のような条件が提示された。

4カ月分の賃料について、25%の支払いを猶予する。だがその代わりに、「公的補助策を必ず申請すること」「申請したことがわかる書類を提出すること」「支援金が下りたら、直ちに猶予した分を支払うこと」。

つまりオーナー側は懐が痛まないスキームだ。店舗経営者は「なぜ、テナントだけが痛みを負わなければならないのか」と憤る。

キラリトギンザでハワイアンレストラン「エッグスンシングス」を運営する松田公太氏（元参議院議員）は、「一時閉館の際、せめてテイクアウトやデリバリーだけでもやって、少しでも売り上げを確保したいと思ったが、認められなかった」と話す。

カリフォルニア料理店「ビストロ バーンヤード ギンザ」を営業してきたファンゴーの関俊一郎社長は、キラリトギンザの集客力、商業施設としてのあり方について管理会社にたびたび提言してきたが、のれんに腕押しだった。コロナ禍の今も同様の状況が続いているため、「営業を諦めた」（関氏）として、撤退を決意した。

キラリトギンザのテナント経営者たちを追い詰めているのは、オーナーと直接話ができないという現実だ。本誌が管理会社に取材を申し込むと「（オーナーである）ファンドとの関係があるので応じられない」とのことだった。

銀座の不動産事情に詳しいディックエンタープライズの増田富夫専務によれば、「この辺りは、ファンドの所有する物件が珍しくない」。再開発が進む銀座、京橋、日本橋で地価が高騰していることが背景にある。

キラリトギンザが立つ地は、かつて雑居ビルがいくつもあり、所有者も入り乱れていた。そこで始まったのが地上げ、転売の嵐だ。2004年にこの地の一角（160坪）の坪単価は6200万円だった。が、地上げが進むにつれて吊り上がり、10年には1億円超え。儲かるとみた投資ファンドも群がり、11年、400坪をものにしたのが、オリックスと米投資ファンドだった。

2014年、地上12階建ての商業ビルとして、上層階は結婚式場、下層階には複数のブライダルショップ、宝石店が入居してキラリトギンザはスタートした。「銀座でいちばん、幸せな場所」。そんな言葉が開業時、オリックスのプレスリリースに躍ったが、1年も経たぬうちに産油国ファンドへ転売された。転売時の坪単価は1億3066万円に達していた。

## オーナーとテナントの遠すぎる"距離"
—キラリトギンザの利害関係図—

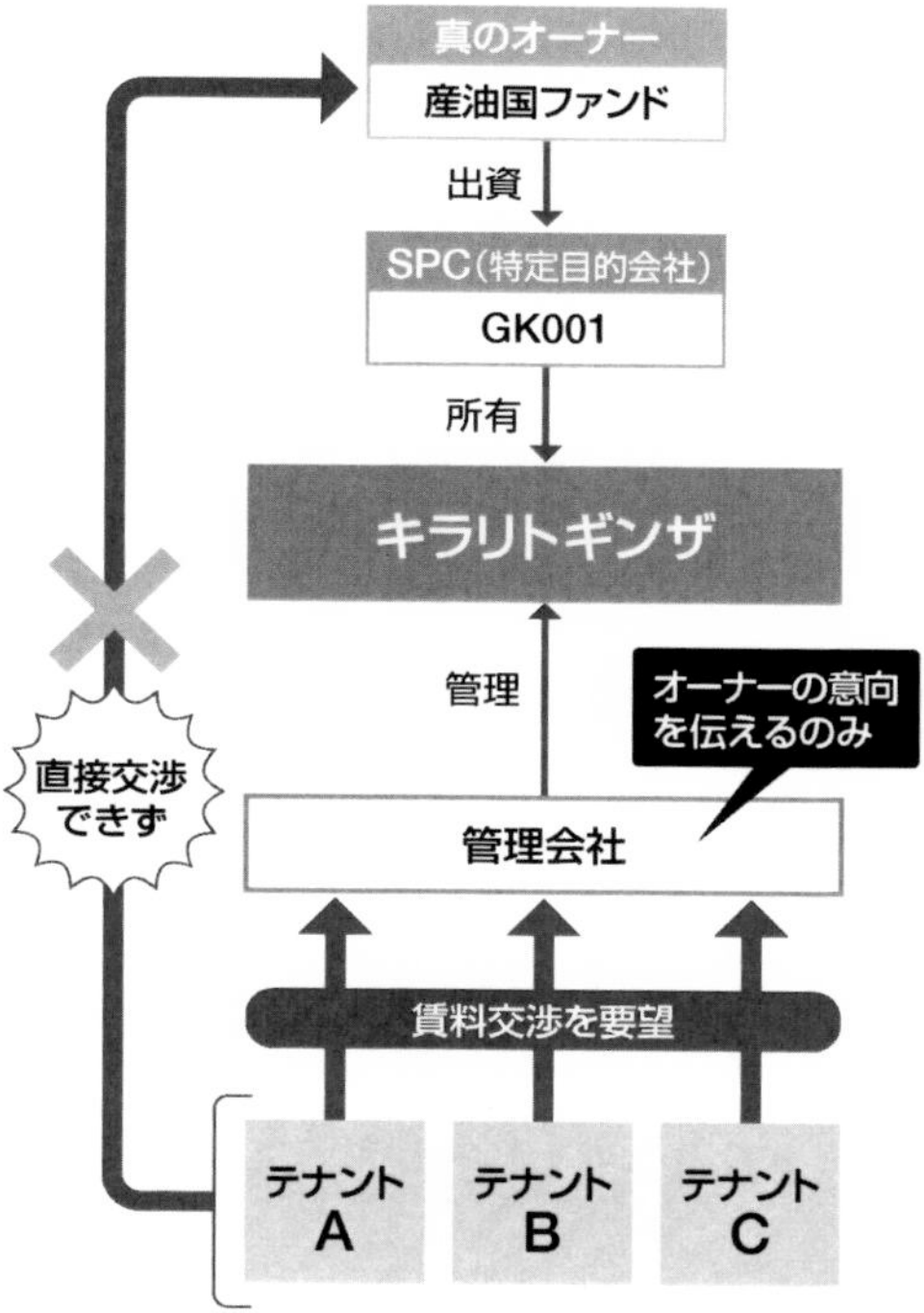


(出所)取材を基に本誌作成

## 政府の支援も及ばず

キラリトギンザに入居する飲食店がほかの一般的な飲食店と違うのは、政府の賃料補助策が〝焼け石に水〟となってしまうほど高い賃料だ。1店舗当たりの賃料は月200万〜300万円に及ぶ。

20年6月12日、国会では第2次補正予算が成立した。目玉の1つがテナント賃料の補助だ。コロナ禍で売上高が激減した事業者には、賃料の一定割合が6カ月分給付される。が、補助には上限がある。個人事業者で月50万円、法人で月100万円が最大だ。

可決前の6月10日、国民民主党の玉木雄一郎代表は国会で「この案では救われない事業者が多い。特例を認めるなど柔軟な対応策が必要ではないか」と安倍晋三（前）首相に迫った。もともと野党は「賃料支払いモラトリアム（猶予）法案」を国会に出し、オーナーがテナントとの話し合いに応じることを義務づけるスキームを提案していた。しかし与党から「過去の判例上、オーナーとテナントの信頼関係が崩れていなければ支払いが滞っても3カ月は追い出されない」「現行法でもオーナーと交渉ができる」といった反論があり、野党案は議論の俎上にも載せられなかった。

政府の「家賃支援給付金」は、キラリトギンザのテナントにまだ届いていない。支払い猶予も行われていない。松田氏は「経営の経験がなく、交渉の現場を知らない国会議員たちの机上の空論によって、末端の商売人が苦労を強いられている」と語る。

店舗撤退が相次げば商業ビルの価値は下落しかねない。前出の増田氏は「ファンド所有の物件ではテナントがどんなに求めても交渉すらできないことが大半。改善策が必要だ」と説く。

(野中大樹)

## 縮小か増床か　オフィスの勝ち組・負け組

オフィス市況は20年3月まで空前の好況だった。不動産サービス大手CBREによれば、3月の都内のオフィスビル空室率はわずか0・9%。一般的に5%が好不況の境目といわれる中、ほぼフル稼働の状態だ。

企業は好調な業績を背景にオフィス投資を拡大した。分散していた拠点を統合・集約したほか、働き方改革でシェアオフィスの利用も増えた。さらに人手不足を補うための採用強化で、従業員を引きつけられる都心の高級ビルのニーズが高まった。

その顕著な例が成長力の著しいIT企業だ。セールスフォースは2021年、現在のJPタワー（東京・丸の内）から日本生命丸の内ガーデンタワーへ本社を移転させる。移転先の坪数は推定9000坪超。現状比3倍だ。従業員数も約1500人規模から24年までに約3500人へ増える。一部のIT企業の増床ニーズは旺盛だ。

「近・新・大」。駅から近く、新しく、1フロア当たりの面積が大きいオフィスビルが主流になった。森ビルの調査では、20年以降の新築オフィスビルの大半が、延べ床面積10万平方メートル以上で、かつ都心3区（千代田・中央・港区）に立地する。

こうしたオフィスビルの常識がコロナショックで変わった。

■ **都心・大型化がトレンド**
—東京23区内のオフィスビル供給量—

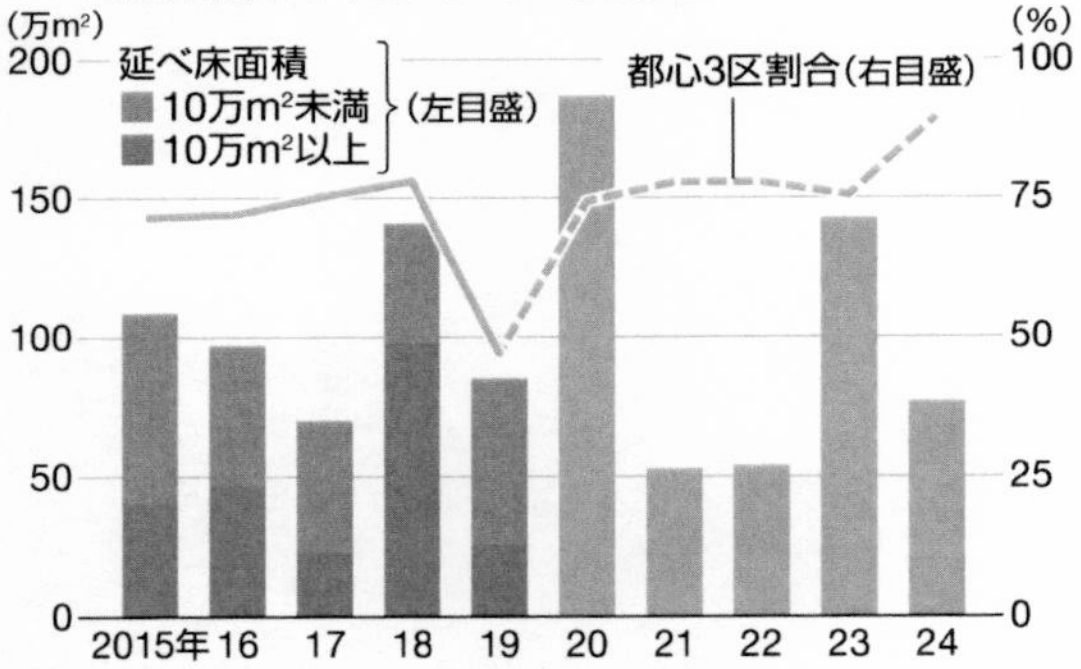


(注)都心3区は千代田・中央・港区。2020年以降は予測
(出所)森ビル

## 空室増は秋口からか

まず、オフィス好況の原動力だった企業業績が悪化した。ホテルや商業施設ほどではないものの、ビルに入居するテナント企業からオーナーに対して賃料減免の依頼や退去の申し出が相次いでいる。

上場ＲＥＩＴのケネディクス・オフィス投資法人は、５月末時点で１３１のテナントから賃料減免などの要望を受けたという。賃料割合で５４％がオフィスのテナントだ。いちごオフィスリート投資法人にも、５月２５日時点で賃料の減額要請が５２件、解約通知が１５件あった。

オフィスビルの解約は6カ月前に通知するのが一般的だ。したがって、足元では空室率の大きな上昇がみられなくても、秋口から上昇は顕著になるとみられる。加えて、「潜在空室」の存在も懸念材料だ。

早く後継テナントが見つかってくれ――。あるスタートアップ企業の経営者は祈るような思いで日々を過ごしている。

コロナ禍で本業が振るわず、固定費削減の一環で坪単価の安いオフィスに移転しようと、ビルオーナーであるデベロッパーに退去を打診した。だが、デベロッパーは難色を示した。現在のオフィスは中途解約が原則不可能な定期借家契約（定借）だったからだ。

交渉の末、デベロッパーは後継テナントが見つかったタイミングでの中途解約をしぶしぶ承諾した。ただ、デベロッパーは外出自粛でテナント営業が難航している。このスタートアップ企業が退去できる日がいつになるか、見通せない状況が続く。

オフィス仲介会社「オフィスナビ」の野村和孝・東京第2営業部部長は、「大手企業はまだ情報収集段階で移転を決めるまでには至っていないが、半年や1年といった長いスパンでは検討している。オーナー側も新規入居のテナントに対して、キャンペーンと称して家賃を数カ月間無料にするフリーレントを付ける動きがある」と話す。

オフィスを居抜き（内装や設備をそのまま）で借りたり、スペースの一部を間借りしたりするサービスも登場するなど、テナントの固定費削減の動きは加速している。

新築ビルのリーシング（テナント探し）にも影響が出ている。「立地もよくてブランド力もある。本来ならすぐに埋まってよいはずなのに」。都内のオフィスビル関係者が首をかしげるのは、野村不動産が開発中の「ＰＭＯ渋谷Ⅱ」だ。竣工は２０年８月だが、６月時点でテナントの内定率は５割にとどまる。野村不動産は「緊急事態宣言の発令によりリーシングが止まったため」と説明する。

## 「オフィス不要」の虚実

コロナショックがオフィス市況にもたらす影響は、それだけではない。リモートワークの普及で、オフィスの使用方法そのものも変化しそうだ。

パーソル総合研究所によれば、緊急事態宣言解除後の５月２９日から６月２日の正社員のテレワーク実施率は、全国平均で２５・７％。関東では３８・３％に上った。

これまでオフィス好況を牽引したＩＴ企業が、コロナ禍後は逆にオフィス市況を押し下げそうだ。プレミア投資法人は、保有するオフィスビルに入居するＩＴ企業から「リモートワークに移行する」との理由で解約通知を受けている。

従業員全員をリモートワークに移行し、オフィスをすべて解約するスタートアップ企業もある。中堅不動産会社のサンフロンティア不動産は、特定の曜日だけ借りられるオフィス「ＷＥＥＫ」を港区芝大門のオフィスビルで展開する。フルリモートに移行したスタートアップ企業が週1日全社で集まることを想定。月額賃料は坪約1万円。週5日貸せれば月坪5万円となり、丸の内のオフィスビル並みの賃料収入が見込める。

リモートワーク普及の影響を最も受けそうなエリアが、ＩＴ企業の聖地である渋谷だ。渋谷にビルを所有する個人オーナーは、「今までイケイケだったオフィス市況が悪化するのでは」と気をもむ。

三鬼商事によれば、20年5月時点の渋谷区の平均月額オフィス賃料は坪2万5320円。この10年間で1・3倍になっており、上昇幅はほかの行政区より大きい。近年は駅前の大型再開発ビルなら坪4万～5万円、小規模区画なら坪6万円が相場だ。

渋谷を中心にオフィス仲介を手がけるＩＰＰＯの関口秀人代表取締役は、「3月に入居の動きが止まり、4月からは縮小移転や退去の問い合わせが増えた。コロナ前は賃料などの条件を入力すると、該当する空室が1～2件しかなかったが、今はずらっと出てくる」と話す。

オフィスナビの西川浩・東京第1営業部部長も、「渋谷では100坪程度のフロアが大量に募集に出されていた。渋谷に空室がなく五反田などに散らばっていたテナントは、「まだ渋谷の募集賃料が高いので、移転する動きは鈍い」(同)。

一方、コロナ後も空室率の著しい悪化はないという意見もある。

大和不動産鑑定リサーチ&マーケティング室の竹内一雅主席研究員は、「リーマンショック時は、賃料の安い郊外のビルや、自社の遊休不動産の空室に移転する企業が多かった。しかし現在は賃料が安くても旧耐震基準のオフィスビルはBCP(事業継続計画)の観点から移転に躊躇する。遊休不動産もほぼ整理済みで、結局移転先がない」と指摘する。

賃料についても、リーマンショック時ほどの下落にはならないという観測がある。

SMBC日興証券の田澤淳一シニアアナリストは、コロナショックとの違いを「リーマン前は異常なペースで賃料が上がっていった」と分析する。

2007年当時新宿マインズタワーを運用していた不動産ファンドのダヴィンチ・アドバイザーズは、利回りを引き上げるため、一部のテナントに最大4割もの大幅な賃料増額を要求するという荒業をして、今でも語り草となっている。リーマンショックを経て、こうした早急な賃料引き上げ機運はしぼんでいるため、今回の下落は一定の調整にとどまる余地がある。

### ■ビルオーナー、テナントともに暗中模索
―コロナ後のオフィス利用シナリオ―

| | | |
|---|---|---|
| 1 | 解約・縮小 | 在宅勤務者が増えたため、オフィスの一部や全部が不要に |
| 2 | 変わらず | 宣言解除後、従来どおりのオフィス利用に。あるいは面積が同じでもコワーキング用に変更 |
| 3 | 増床 | リモートワーク対応などで郊外に拠点を新設。あるいは「3密」を避けるため1人当たりのスペースを増やし、増床 |

### ■空室率やや上昇、賃料は高水準が続く
―東京都内グレードAオフィスの賃料と空室率―

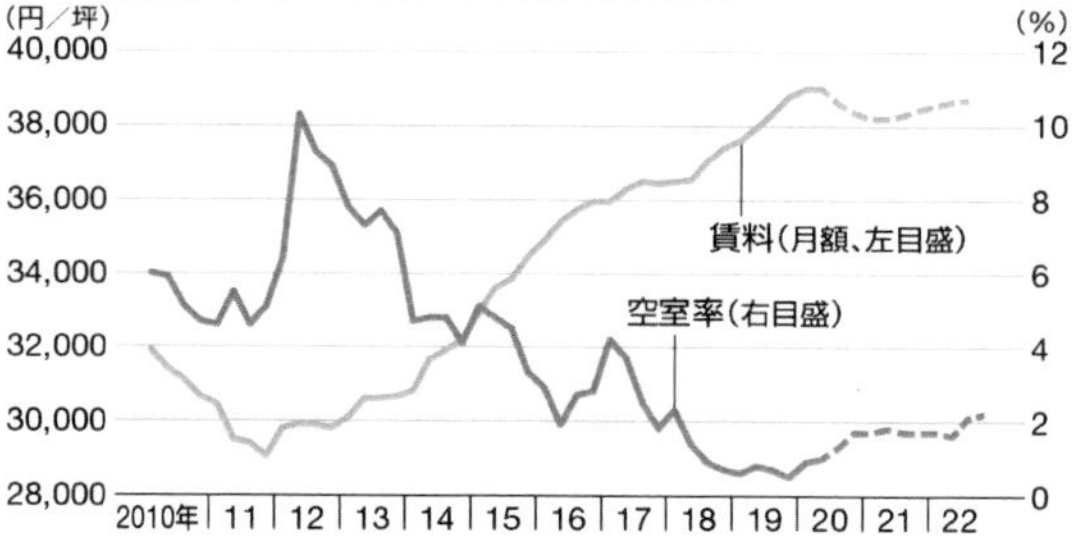


(注)2020年第2四半期以降はCBRE推計　(出所)CBRE

## 増床の動きも

感染予防策をどこまで講じるかも、オフィス市況の命運を握る。日本経済団体連合会が発表した感染予防対策ガイドラインでは、オフィス内での従業員同士の距離を2メートル保つことを推奨している。これを忠実に実践すれば、必要なオフィス面積はむしろ増える。

CBREの大久保寛リサーチヘッドは、「ソーシャルディスタンスはコロナ収束後もレガシーとして定着する。また一部のオフィスを解約する一方で、新たにコワーキングスペースを借りるなど拠点を分散させるような動きも出てくるだろう」とみる。

機械商社の東京産業は、コロナ禍を受けて首都圏3県にサテライトオフィスを設置した。うち千葉と埼玉の拠点は、新たに小規模のオフィスを借りている。「BCP対応を考慮した。今後も通勤の利便性向上や業務効率化などの一環で、増設を行う方針だ」(同社)。

ただ、こうした動きはまだ一部。現時点はテナント、ビルオーナーともリモートワークの余波を計りかねている。オフィスがいっさい不要になるとの声は少ないものの、オフィスのあり方について、デベロッパーは再考を迫られる。

西日本に拠点を構えるデベロッパーは20年春、働き方改革の一環として自社のオフィスの一部に、従業員の席を特定しないフリーアドレスを導入した。ところが、そのレイアウトを再度変えるという。「不特定多数が席を共有すると、感染者が出た場合に濃厚接触者が特定できなくなる」ためだ。

反対に、感染予防のためフロアを小割りにしたり、テナント同士の動線を区切ったりすれば、利便性の悪化やコスト増につながる。オフィスの新常態を探る動きはしばらく続きそうだ。

（一井　純）

社会的距離を保つと席数が減少

## ウィーワーク、コロナのジレンマ

シェアオフィス「ＷｅＷｏｒｋ」を運営する米ウィーカンパニー。米国本社では積極拡大があだとなり信用不安が起きている。が、日本法人ではコロナ禍でも利用者数はさほど減少しておらず、賃料の減免要請も行っていないという。「運転資金も米国本社ではなく外部の金融機関から調達できている」（日本法人の広報担当者）。

拠点開設は２０年でも続く。７月に池袋の「ハレザタワー」など４拠点、８月には「神谷町トラストタワー」に国内最大規模の拠点を開設する。１９年１２月開業の「渋谷スクランブルスクエア」では、オフィスフロアの最上階である４５階に２０年夏までに増床する。

コロナ禍後にウィーワークが狙うのは、オフィスの移転ニーズだ。リモートワークの普及で、サテライトオフィスが増えるとみる。実際、企業からの問い合わせも増加中だという。

## 損益分岐点の壁

ただ、ウィーの戦略はジレンマも抱える。ウィーの基本的な収益はフロア内に設置する席数に応じて決まり、オフィスの賃料も席数から逆算して弾いている。社会的距離を保とうとすれば以前より席数が減るため、損益分岐点はこれまでより高くなる。

仲介会社向け資料によれば、神谷町トラストタワー内の個室の1人当たり月額利用料は約12万円。大手デベロッパーのシェアオフィス担当者へは「ウィーから会員が流れてきている」という声も伝わる。相対的に高い利用料に見合う付加価値が一層求められる。

## ネット通販の拡大で大型物流施設の冷めない熱狂

物流施設への旺盛な需要はコロナ禍でも増すばかりだ。とくにEC（ネット通販）事業者が施設の確保に躍起になっている。在庫保管などのために大型施設を必要としているからだ。

アマゾンは2017年ごろから積極投資を続け、ほぼ四半期ごとに新たな物流施設を確保している。20年1月には物流施設大手・ESRが開発した埼玉県久喜市の「久喜ディストリビューションセンター（DC）」の一部、約7万平方メートルを賃借した。

楽天も存在感を増している。直近では千葉県習志野市で物流施設約6万平方メートルを賃借し、6月に稼働させた。また神奈川県大和市でも約4万平方メートルの施設を新規に賃借し、21年初頭の稼働に向けて準備を進める。

こうしたEC事業者のニーズを受けて、3PL（物流の一括受託）事業者も業容を拡大し、旺盛な物流施設の需要を支えている。不動産サービス大手のJLL（ジョーンズ ラング ラサール）の谷口学チーフアナリストは、「物流施設マーケットは当面大きく減退することはない」と話す。

施設の多機能化も進んでいる。物流施設大手・日本GLPは神奈川県相模原市で、研究開発や生産などの機能も備えた大規模施設を開発する。21年8月から24年2月にかけて順次竣工し、総面積は約65万平方メートルに及ぶ。同社の帖佐義之社長は「オフィススペースとしての評価も高い。物流施設の用途はさらに広がるだろう」と語る。

## 開発競争が地方にも波及

物流施設の開発競争は首都近郊にとどまらない。近畿圏や九州でも高まっている。物流施設大手の米プロロジスは、兵庫県猪名川町で大型施設を開発。総面積約

37万平方メートルで21年8月から11月にかけて竣工する。「物流効率化のため首都圏の大型施設に集約する顧客が多かったが、コロナ禍を機に東北や九州などの施設でも在庫を持ち、リスクを分散したい顧客が増えている」（プロロジス日本法人の山田御酒（みき）社長）。

大和ハウス工業も地方部での施設開発を積極化する。6月には富山県射水市の中規模施設（約2万平方メートル）を着工。21年竣工予定だ。「地方部ではEC事業者に加え、在庫を管理したいメーカーも顧客になる。底堅い需要が見込めるので地方部での開発も積極的に進めていく」（大和ハウスDプロジェクト推進室・井上一樹室長）。

ただ、施設用地の取得は開発業者にとっての課題。「コロナ禍後、生産拠点の国内回帰が起こると、用地取得の競合相手にメーカーも入ってくる。そうでなくても厳しい競争がさらに激化する懸念がある」（プロロジスの山田社長）。

物流施設をめぐる熱狂はしばらく冷めそうにない。

（佃　陸生）

■ EC事業者が積極投資 —賃貸大型物流施設の需給と空室率—

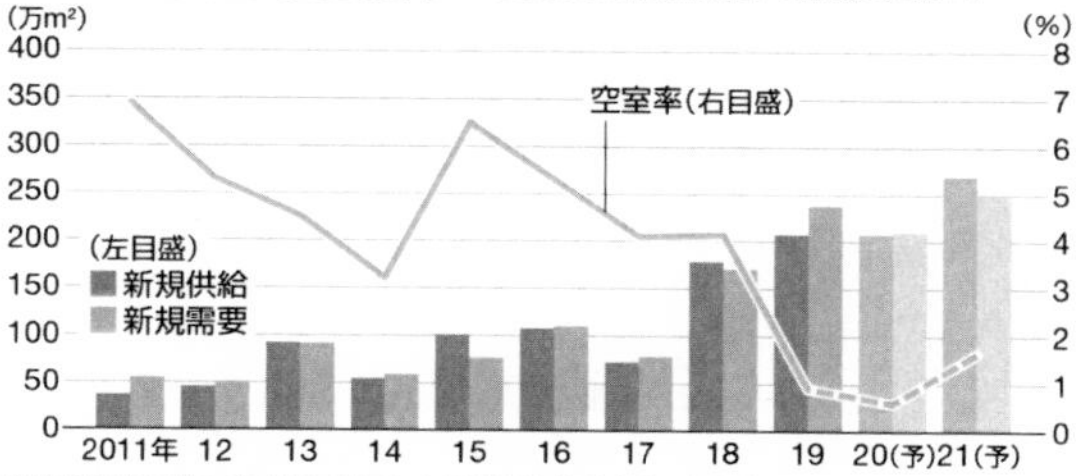


(注)2000年以降に東京圏で竣工した大型物流施設(延べ床面積5万m²以上)が対象
(出所)JLLのデータを基に東洋経済作成

# 「中小オフィスへの影響は限定的」

トーセイ　社長・山口誠一郎

日本でも緊急事態宣言が出されると、海外投資家が物件取得に当たってのリスクを大きくみるようになり、キャップレート（期待利回り）がこれまでより0・5％ほど上昇した。賃料の今後の上方改定も織り込まないようになり、物件価格は調整局面にある。

当社も緊急事態宣言中は取引を中断していたが、6月から取得を再開した。コロナ禍の影響を念頭に、物色する優先順位は物流施設、住宅、オフィスの順番で考えている。ＲＥＩＴの増資資金も、20年は大半が物流施設の取得に充てられるだろう。

ただ、調整局面にあるとはいえ、リーマンショックのような金融危機になることはないだろう。金融機関からの融資が続いているうえ、投資家の質も変わってきたからだ。リーマンショック以前には、「もっとレバレッジをかけて（＝借り入れを増やして）、ROE（自己資本利益率）を上げろ」と投資家からよく言われたが、現在そうした投資家は限りなく少なくなった。

その代わり、売却益より賃貸益を重視するコア投資家が増えた。当社が運用を受託しているファンドもコア投資が大半だ。

当社が得意とする中小オフィスビルでは、リモートワークの影響は限定的だ。テナントの大半が中小企業なので、大手企業のように従業員をリモートワークへ移行させることは難しい。

リーマンショック時は、大型ビルの賃料が大きく下がった一方で、中小ビルはもともと賃料水準が低いこともあって、あまり変動がなかった。コロナ禍においても、賃料下落で厳しくなるのは中小ビルよりもむしろAクラスやSクラスのビルのほうではないか。

（構成・一井　純）

【トーセイ】

1994年に山口氏が社長就任後、不動産流動化を拡大。2007年11月期には90億円の営業黒字となったが、その年末から物件放出に舵を切り、リーマンショック後の09年11月期にも16億円の営業黒字を確保。20年3月期の純利益は過去最高。

# 「フローの利益の誘惑に勝つ」

サンフロンティア不動産　会長・堀口智顕

2月に物件の仕入れをいったんやめた。コロナ禍の影響を見極めるためだが、その後も金融機関の融資が止まる気配は見えなかったので、不動産市況はさほど落ち込まないだろうと判断した。6月からは物件を厳選しつつ、仕入れを再開している。

リーマンショックの前、若いアナリストやファンドマネジャーらは、短期的に利益を増やせる会社を高く評価する傾向が強かった。私がIR（投資家向け広報）の説明に行くと、彼らは「現金を活用したらどうですか」と言って、短期の物件売買で利益を上げることをよく提案してきた。当時の私は、よもやそこにわなが待っているとは知らなかった。

不動産業の利益には、ストックの賃貸益とフローの売却益がある。市況が上昇局面なら、大型物件の仕入れと売却を短期間に繰り返すほうが利益を上げられる。だから会社としてはついそちらに傾倒してしまう。

しかし、市況がいったん下降局面へ変わると、短期売買狙いでは損をするか資金不足に陥る。リーマンショックではそれで痛い目をみた。

当社はリーマンショックの前に市況の変調を察知し、流動性の低い地方物件などの現金化を急いだことが功を奏した。経営者にとっては、フローの利益を追求する誘惑に勝てるかどうかが勝負だと思う。ただ回転させるために資産を膨らませることは最もやってはいけない経営だ。

現在は大型物件を頻繁に売買して売り上げを立てるよりも、中小型オフィスビルの価値を高めて、利益率を確保することを重視している。短期的に利益を増やそうとすれば、落とし穴が待っている。

（構成・一井　純）

【サンフロンティア不動産】

1999年に堀口氏が設立。不動産流動化で急成長を遂げ、2007年3月期は87億円の営業黒字を稼ぎ出すも、リーマンショックで09年3月期に170億円の営業赤字。その後は得意の中小オフィスビルに回帰し、20年3月期の純利益は過去最高に。

## 地銀「投げ売り」の波紋

# REIT暴落後の二極化

不動産投資信託（REIT）の価格が20年3月の暴落後、なかなか戻らない。増資も難航し、成長戦略を描きにくくなっている。

東証REIT指数は春先に暴落し、年初比ほぼ半減まで落ち込んだ。その後は値を戻したものの年初比8割前後にとどまり、コロナ禍前の水準に届く兆しは見えない。日経平均株価が年初水準に戻したのと比べて戻りが鈍い。

3月のREIT指数急落の背景には、地方銀行によるパニック売りがある。日本銀行を除く銀行全体では3月に777億円という大幅な売り越しを記録した（東証、日銀資料より）。「売り越しの大半は地銀だった」（市場関係者）。価格下落による評価損を嫌った売りに加え、融資など他部門の業績悪化をREITの含み益実現で補おうとした地銀が少なからずあった。

みずほ証券の大畠陽介シニアアナリストは、「ＲＥＩＴがこれまで好調だったのは、地銀の存在があったから。しばらくは戻ってこないだろう」とみる。４月以降も銀行はわずかながら売りが優勢だ。

■ REIT指数の戻りが鈍い —年初からの推移—

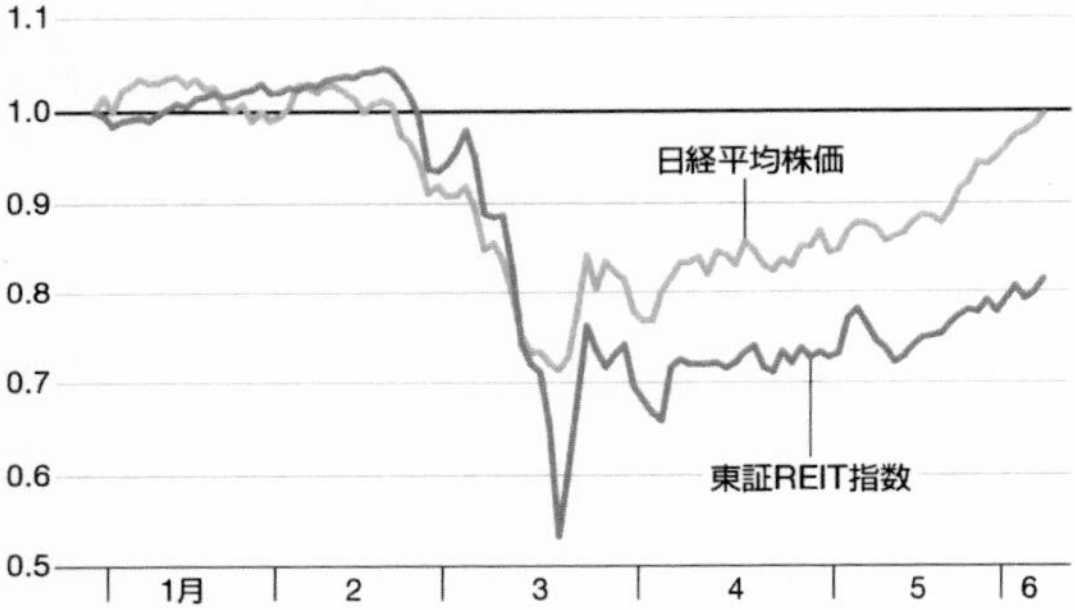


（注）1月6日の数値を1とする

■ 3月に銀行が投げ売り —J-REITの投資部門別売買—

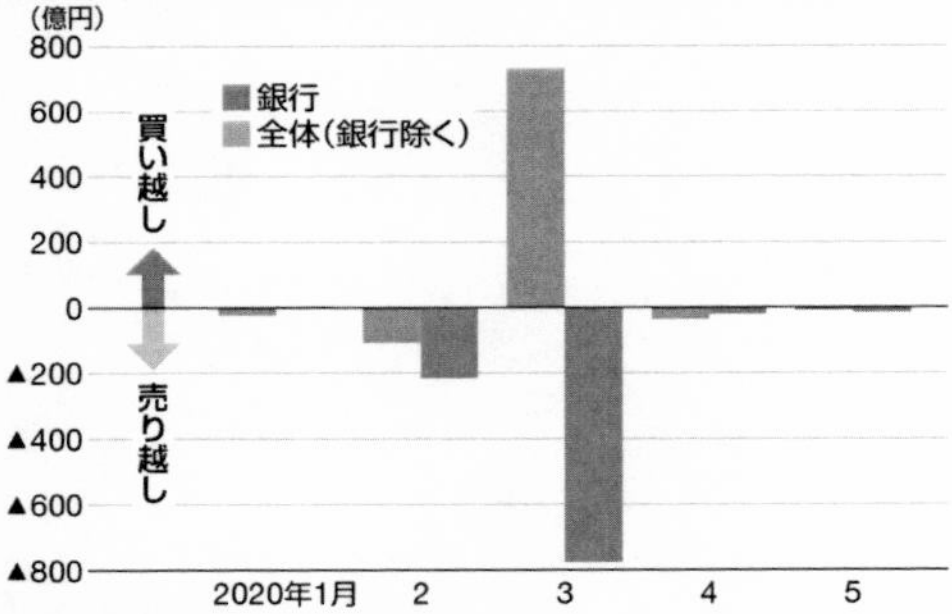


（注）銀行は日銀を除く。▲はマイナス
（出所）東京証券取引所、日本銀行の資料を基に東洋経済作成

## 優勝劣敗くっきり

地銀の下支えがなくなったＲＥＩＴ市場において5月下旬、「下克上」が起きた。ＲＥＩＴの時価総額は三井不動産がスポンサーの日本ビルファンド投資法人が首位、三菱地所と三井物産がスポンサーのジャパンリアルエステイト投資法人（ＪＲＥ）が2位という状況が長らく続いていた。そのＪＲＥの時価総額を、物流施設を中心に運用する日本プロロジスリート投資法人が抜いたのだ。現在は再びＪＲＥがプロロジスを上回っているが、コロナ禍で投資家の選好が変わったことを象徴する出来事だ。

プロロジスの資産規模は２０年2月時点で７００６億円。ＪＲＥはオフィスビル主体の運用で、４月時点の資産規模は1兆０７０５億円。歴然とした差があるにもかかわらず、市場は両者を同等に評価している。

ＲＥＩＴは選別の時代へ突入した。物流施設や賃貸住宅を中心に運用するＲＥＩＴは、早い時期に投資口価格をコロナ禍前の水準まで戻した。賃貸マンション主体のＲＥＩＴ関係者は、「コロナ禍後、急に投資家から買われるようになった」と苦笑する。

他方で、商業施設やホテルを中心に運用するＲＥＩＴは戻りが鈍い。ニッセイアセットマネジメントによれば、テレワークの普及でオフィス需要が減退するという観測から、米国ではオフィスビルを多数保有するＲＥＩＴも売られているという。

低調な投資口価格はＲＥＩＴの成長戦略にも影響を与える。筆頭は、物件取得などに充てる増資の停滞だ。株式のＰＢＲ（株価純資産倍率）に相当するＮＡＶ倍率は、物流施設や賃貸マンション主体のＲＥＩＴを除き軒並み1倍を割っている（6月中旬時点）。1倍割れで増資をすると1口当たり分配金が希薄化するため、投資家の不興を買いやすい。

19年3～5月には5つのＲＥＩＴが公募増資を発表したが、20年は2月を最後に公募増資の発表がぱたりとやんだ。そればかりか、大和ハウスリート投資法人など3つのＲＥＩＴが、2月に発表した増資を3月になって中止した。

6月にはトーセイ・リート投資法人が増資を発表。ただ、これは公募ではなくスポンサーに対する第三者割当増資だ。「公募増資と比べ必要な発行投資口数が少なく、希薄化を一定程度抑制できる」のが理由。増資による物件取得の代わりに「借り入れでの資金調達や、物件交換も選択肢として挙がるだろう」（SMBC日興証券の田澤淳一シニアアナリスト）。

難航する増資と対照的に増えているのが、自己投資口の取得（株式における「自己株取得」）だ。フロンティア不動産投資法人は3月、日本リテールファンド投資法人は4月に自己投資口の取得を発表。投資口価格の割安さを投資家にアピールした形だ。

## 自己投資口取得の功罪

野村不動産マスターファンド投資法人も4月、資産運用ガイドラインに自己投資口の取得と消却を追加すると発表した。不動産市況が不安定な中では物件取得を抑制したいという意向が透ける。スポンサーであるデベロッパー各社も、系列ＲＥＩＴへの物件売却を一時取りやめている。

ただ、ＲＥＩＴの自己投資口取得に対しては「貴重なキャッシュをむやみに使うべきではない」（証券会社）という声もある。ＲＥＩＴは、配当可能利益の９０％以上を投資家に分配することが法人税を課されない要件の1つとなっており、内部留保を貯めにくい。薄い内部留保をあえて自己投資口取得に使うというのは、価格が低すぎることの裏返しでもある。手元流動性が重視されるコロナ禍でも株主還元を意識せざるをえないほどREITは投資家から厳しい視線を注がれている。

（一井　純）

## REITが遺したホテル投資の教訓

中堅REIT、インヴィンシブル投資法人が20年5月11日、驚きの発表をした。1口当たり分配金の今期予想が30円へ、前期の1695円に比べ98％も減るという内容だ。保有物件の8割以上を占めるホテルの収益が悪化し、ホテル運営者の倒産を避けるため、やむなく賃料減額を受け入れたというのが理由だ。

だが、さらなる問題があった。インヴィもホテル運営者「マイステイズ・ホテル・マネジメント（MHM）」も、米投資ファンド・フォートレスの傘下であることだ。

インヴィはMHMに対して、宿泊料収入などに連動して受け取る変動賃料のみならず、固定賃料約35億円も免除した。見方によっては、フォートレスがMHMの損失の一部をインヴィに押し付けたとも解釈できる。

## 運営委託の落とし穴

この騒動は利益相反だけでなく、ＲＥＩＴとホテル運営者の関係性にも一石を投じる。通常、ホテルが生んだ収益はＲＥＩＴと運営者で分け合う。だがインヴィの場合、収益のほとんどを吸い上げ、ＭＨＭの手元に残さない契約だ。「アップサイドをすべて享受できるが、ダウンサイドもすべて被る」（みずほ証券の大畠陽介シニアアナリスト）。

ＲＥＩＴは賃料という安定収益を基にした「ミドルリスク・ミドルリターン」の金融商品と見なされている。だが、インヴィのようなホテルＲＥＩＴはリターンの変動が大きい。コロナ禍はホテルＲＥＩＴがはらむ危うさを浮き彫りにした。

## 凍結状態のマンション市場

「日を追うごとに問い合わせが減っている」。緊急事態宣言発令後の4月中旬、神奈川県内の不動産仲介会社は不安を吐露した。3月以降、マンション市場は文字どおり「凍結」状態に陥った。新築マンションのモデルルームはまさに「3密」の空間で、大手デベロッパーを中心に営業を自粛。中古マンションでも仲介店舗の閉鎖や内覧のキャンセルが相次ぎ、新築・中古マンションとも取引が縮小した。

## 完全回復には時間

緊急事態宣言が全面的に解除された5月下旬以降、販売現場は順次再開した。モデルルームの客足は「コロナ前の8～9割の水準に戻った」（中堅デベロッパー）が、完全回復にはまだ時間を要する。

リーマンショックで体力の乏しい新興不動産会社は淘汰されているため、コロナ禍後にマンションが投げ売りされる見込みは薄い。それでも、「企業倒産や廃業によって工場や事務所の跡地が安値で売り出され、それを取得できたマンション会社は、販売中の物件を値下げする余力が生まれる」（マンション調査会社のトータルブレインの杉原禎之副社長）。ホテル開発業者がホテル用地を相場より1割程度安い価格でマンションデベロッパーに持ち込む動きもある。

売り主の多くが個人である中古マンションについてはどうか。東京の湾岸地域で不動産仲介を行うケイズワンの藤田祥吾氏は、「この数年は相場より5～10％ほど高めに売り出した物件でも成約していた。コロナ収束が長引けばその分が下がるのでは」と推測する。

中古マンションは売り出しから成約まで3カ月が目安。現在売り出し中の物件の価格が見直されるか、秋口になれば見えてくる。

居住用マンションは結婚や出産、転勤などライフイベントが購入の動機となることが多い。業界には「家を持ちたいという需要は消えていない。外出自粛で購入時期が先送りになっただけ」（大手デベロッパー）という楽観論が漂う。

ただし、コロナ収束に時間がかかれば影響は無視できない。日本不動産研究所の吉野薫主任研究員は、「これまで住宅が売れていたのは、雇用環境が改善していたからだ。今後雇用不安が高まれば、購入意欲の減退や購入予算の引き下げが起こりうる」と指摘する。

中堅マンションデベロッパーの幹部は、客の間で高まる将来不安を懸念する。「本人がマンションを購入しようと思っても、家族に『今は買うべきじゃない』と止められ、なかなか成約に至らない」。

不動産鑑定事務所の三友システムアプレイザルによれば、リーマンショック後、分譲マンションの競売が急増した。今後も、所得が減れば住宅ローンの支払いや多額のローンを組んでの物件購入が難しくなる。企業収益が悪化し買い控えが起こるかが、コロナ後のマンション市場の命運を握る。

## 営業自粛で取引縮小
―マンション取引の前年同月比―

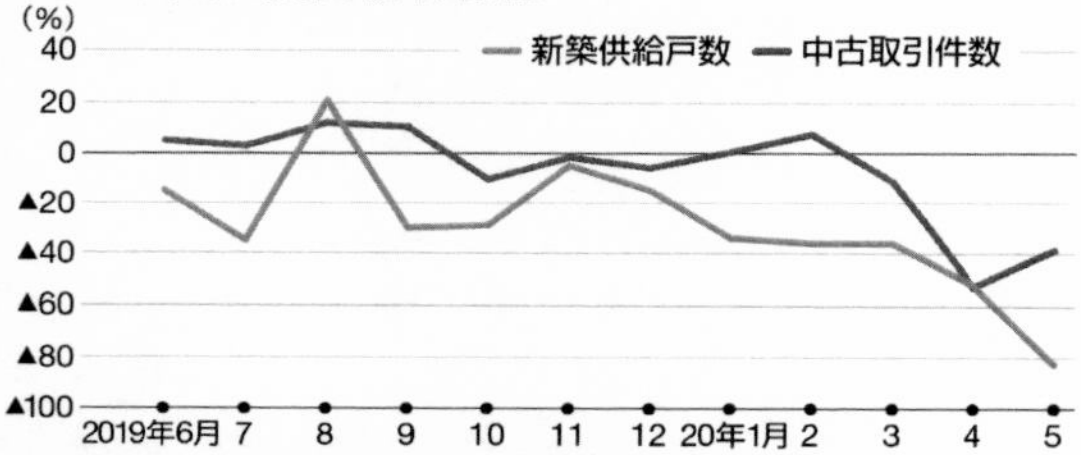


（注）新築、中古ともに首都圏が対象。▲はマイナス
（出所）新築は不動産経済研究所、中古は東日本不動産流通機構

## リーマンショック当時は急増
―東京地方裁判所の競売物件開札件数―

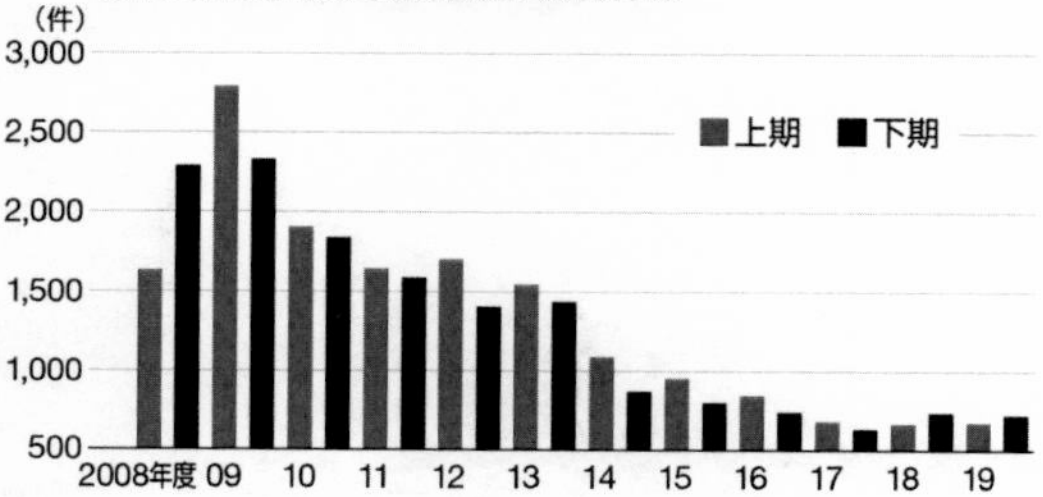


（注）分譲マンションを対象に集計　（出所）三友システムアプレイザル

## 変わる販売手法

人との接触が避けられる中、「新しい生活様式」に適応する動きも出ている。オンライン商談システムを手掛けるベルフェイスには、3月以降1万2000社超から申し込みがあった。中でも、「不動産は最も反響があった業界の1つ。成功事例が増えれば、さらに導入が進むだろう」（同社）。

外出自粛でモデルルームを開けられないため、テレビ会議での商談に乗り出したのだ。ただ、「最終的にはモデルルームや現物を見てからでないと、契約には至らない」（大手デベロッパー）。

投資用マンションを開発・販売するプロパティエージェントは、商談から契約までウェブ上で完結させた。居住用と異なり、現地に行かず立地や利回りで購入を決める投資家も少なくないことが追い風だ。集客セミナーも対面からウェブへ移行したところ、「4月の参加者数は前年同月比で約3倍になった」（同社）。

分譲マンションにも変化の兆しがある。三菱地所は販売中のマンションに、リモートワーク向けの「箱の間」というオプションを用意した。大人1人が仕事のできる大きな箱をリビングなどに置き、リフォームせずに個室を設けられる。
今後リモートワークが一層普及・定着すれば、マンションの立地や間取り、共用施設などへの評価は変わってくるだろう。

（一井　純）

## 「価値観が変わるか変化を見極めたい」

オリックス銀行　取締役会長・浦田晴之

主力の投資用ワンルームマンション向け融資の4～5月実行件数は、例年の半分以下に減少した。マンション販売業者が営業を自粛し、販売件数が減ったためだ。販売件数は6月以降、増えていくだろう。だが、われわれの融資も同じように伸ばしていくかは慎重に考えたい。前期は不動産市況全体が活況で、融資実行高が想定以上に伸びた。好調すぎると感じていたくらいだ。

今すぐ審査基準を厳しくしたり、融資を絞ったりするつもりはないが、コロナ禍を機に不動産の価値観がどう変わるか見極めたい。リモートワークが普及した今、マンションの立地について、これまでのように都心部なら高評価ということでよいのか。

投資家に対する与信も、上場企業に勤務している人なら安定的とみてよいのか。丁寧に判断する必要がある。逆にこれまでよくないと思われていた郊外立地で開発されることもあるだろう。

私はバブル崩壊後の1990年代後半にオリックスで財務を担当し、リーマンショック直後の2009年にCFO（最高財務責任者）になった。厳しい状況を経験しているので、どうしてもその頃の記憶がよぎる。

今回は当時と異なり金融は止まっていないが、流動性が厳しくなったのは事実だ。既存の投資家はまだしも新規の投資家がコロナ禍前のように増えていくとは考えないほうがいいだろう。

浦田晴之（うらた・はるゆき）
1954年大阪生まれ。77年京都大学卒業、オリエント・リース（現オリックス）入社。2009年グループCFO、12年オリックス銀行取締役、15年社長、20年6月から現職。

在宅勤務が住宅購入を後押し

## 低価格の戸建てが人気に

「当初の社内想定では、5月の契約棟数は半減になってもおかしくなかった。まさか前年をこれほど上回るとは」

埼玉県越谷市を中心に千葉県、東京都の一部にも展開する分譲住宅販売大手ポラスグループの広報担当者は驚きを隠せない。緊急事態宣言の発令を受け、同社は4月から店舗での接客や現場見学会といった営業活動を自粛。4月の契約棟数は前年同月比24・6％減に落ち込んだ。だが5月は一転、12％増へ転じ、6月中旬時点でも10％増を超えて推移する。平均価格も従前と変わらず、土地付きで4000万円強という水準を維持する。

ポラスが購入者を分析したところ、2019年は平均年齢が35・4歳だったが、

20年5月単月では33・5歳まで下がっていた。在宅勤務で時間的余裕が生まれ、住宅購入を検討する時間が増えたことに加え、「子どもが生まれるなどして、従来は数年後に自宅を買おうと思っていた層が流入した可能性がある」(広報担当者)。

実はこうした好調はポラスだけではない。上場する住宅会社の月次の受注状況を示したものだ。東京23区を中心に狭小戸建て住宅を販売するオープンハウス(土地付き平均価格4449万円)や低価格な注文住宅のタマホーム(平均建物価格1776万円)は5月に前年同月比プラスを確保した。

両社の広報担当者も「リモートワークにより家で過ごす時間が長くなり、戸建て住宅の購入意欲が増したのではないか」と口をそろえる。業界関係者によると、分譲戸建て住宅でシェア約3割と最大手の飯田グループ(土地付き平均価格2650万円)も、4~5月の累計で前年同期比プラスを維持しているという。

## ■ 低価格のほうが回復が早い

— 住宅大手の月次受注(前年同月比)の推移

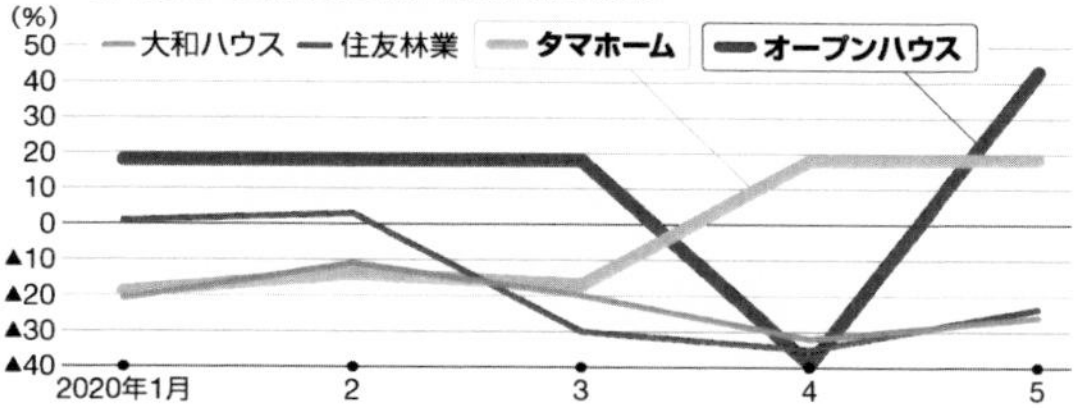


(注)オープンハウスは分譲件数と土地仲介件数で、2020年1～3月は3カ月平均の数値。ほかは注文住宅の受注件数。▲はマイナス　(出所)各社月次・開示資料を基に本誌作成

## 高額の注文住宅が苦戦

一方、苦戦が目立つのが、建物だけで平均価格3000万〜4000万円と高めの大手注文住宅メーカーだ。考えられる理由は2つ。まず19年10月の消費税増税の影響だ。税率8％が適用される契約期限の19年3月に高額物件を中心に駆け込み契約が発生し、各社の19年3月の受注は軒並み高水準だった。その反動が長引いている。

もう1つの理由は集客モデルの違いだ。業界動向に詳しい住宅産業研究所の関博計代表は「地方に強い注文住宅ビルダーや、ネット販売がしやすい分譲住宅に比べ、都市部に強い注文大手は展示場経由の集客が主流。展示場を再開して客を戻さないと回復は難しい」と指摘する。

分譲住宅がネットを通じて土地や完成した戸建ての情報をアピールするのに対し、注文大手は総合展示場にモデルハウスを構え、新聞広告や折り込みチラシ、場内で開催するイベントなどで集客する手法を取る。3密になりやすい展示場は、緊急事態宣言を受け5月末まで軒並み閉鎖に追い込まれた。住友林業の光吉敏郎社長によればモデルハウスの来場者数は「4月、5月は9割減」。同社は9月から年末にかけて来場者が前年並みに戻るとみるが、来場後、仕様などの相談を経て契約に至るまでには時間がかかるため20年4～12月の受注棟数は前年同期比31％減を見込む。大和ハウス工業も今21年3月期の注文住宅は22％減の見通しだ。

現在、各社が力を入れるのがVR（仮想現実）を使ったモデルハウスの案内や、在宅ワークスペース付きプランの提案強化だ。

ミサワホームでは、「在宅ワーク」で検索して同社のホームページにアクセスしてくる件数が4月に前年同月比約20倍に膨らんだ。同社は13年に将来のリモートワーク定着を想定した「ミニラボ」を開発した。注文住宅を建てる際、リビング・ダイニングに隣接した専用の個室を設け、仕事に集中しやすく、必要に応じて家族の様子を確認できる環境を提案している。

同社総合研究所で10年近くリモートワークを研究してきた森元瑶子主任研究員は「今後は感染予防だけでなく、悪天候時に在宅勤務するなど意識が変わってくるかもしれない。その際には五感をコントロールできる個室空間が必要だ。（コロナ禍で）4畳程度の部屋の要望が高まっている」と分析する。

住宅各社はさまざまな取り組みでコロナ禍の落ち込みを埋めようとするが、長期的には人口減少に直面する。野村総合研究所は、新設住宅着工件数が19年度の88万戸から30年度の63万戸へ、約3割減少すると予測している。環境変化にどう対応するかが問われている。

（松浦　大）

# 「医・職・住一体の街づくりが必要」

プライム ライフ テクノロジーズ 社長・北野　亮

戸建て住宅など新築請負事業ではコロナ禍の影響が出ている。6〜8月に攻めて年明けには反転させたい。今回、リモート商談、デジタル営業が急速に進んだ。狙い目は（初めて住宅を買う）1次取得者層だ。共働きや、ある程度年収がある層は家を買う必然性が高い。ＩＴとの親和性もある層なので、挽回の余地はある。ただし、土地付き5000万円という買い物はバーチャルではできない。いかに感性や感情を揺さぶって、契約してもらえるか。リアルの重要性は今後も変わらない。

一方で、当社傘下3社の戸建て住宅（の年間引き渡し戸数）は1万以上あるが、理屈でいえば市場規模は10年で3分の2になる。シェアは維持したいが、トップラインに固執するのは得策ではない。その最初の試練が今のコロナだ。

コロナ禍でこれからは医療・職場・住居という「医・職・住」の一体化が必要だということがはっきりした。広々とした所に住居を構え、子育てにいい環境があって、通勤は月に数回、小さくてもいいから書斎がある。こうした住宅の需要が高まれば街や家のあり方が変わってくる。

当社のミッションには「街とそこに住む人の暮らしを支える」ということが含まれている。10年越しかもしれないが、コンパクトな都市の複合開発、地方の創生・再生という2本の軸で街づくりを手がけていきたい。

**北野　亮（きたの・まこと）**
1955年生まれ。78年松下電工（現パナソニック）入社。住宅設備・建材事業中心にキャリアを歩む。2012年にパナソニックのエコソリューションズ社専務、17年に社長に就任。20年1月、パナソニックホームズ、トヨタホーム、ミサワホームなどの持ち株会社であるプライム　ライフ　テクノロジーズの発足に伴い現職。

## 工事中断の先に待つゼネコンの深淵

「ハイそこ、マスク着けて！」工事現場の所長はマスクをずらしている作業員を見かけると鋭く指示を出した。6月中旬、現場のある茨城県つくば市のこの日の最高気温は30度、湿度も高い。マスクを着けての作業はこたえる環境だ。

準大手ゼネコン、西松建設がつくば市で2019年7月に着工した「プロロジスパークつくば2」は、物流開発会社プロロジスが某ネット通販業者向けに開発している物件。地上4階建て、延べ床面積約11万平方メートルの大型物流倉庫だ。

この現場を訪ねたときは、内装と外構の工事を進める追い込みの段階で、約450人の作業員が出入りしていた。完成検査を経て9月に引き渡す予定で工事が進むが、コロナ禍の影響が色濃く出ている。4月からマスクの着用や手洗い・消毒を徹底しているほか、現場に入る際に非接触型の体温計で体温を測定。さらに「3密」対策として、朝礼は職長の全員参加は続けているものの、作業員は毎日3分の1ずつ交代で参加し、スペースを広く取るようにしている。現場内の消毒を定期的に実施するほか、休憩所も間隔を広く取るなど、工夫を凝らす。

「現場で感染者を出さないように、マスクの着用を厳しく指導してきた。これからは熱中症の防止と感染対策の両立が課題になる」（現場所長の男性）

## 現場を襲うコロナ禍

「建設現場は屋外など換気のよいところが大半。新型コロナウイルスの影響はない」（ゼネコン広報担当者）と当初はのんきなコメントも飛び交った建設業界も、現在はコロナ対応に注力している。

4月中旬にはスーパーゼネコンの清水建設の社員が新型コロナで亡くなったこともあり、大成建設などを除けば、多くのゼネコンが5月の連休明けまで工事を中断する方針を公表した。

ただし、実際に工事中断となったケースはさほど多くない。スーパーゼネコンや準大手クラスでも、中断した工事現場は全体の5～6割程度。民間業者が発注する工事では新型コロナ対策で工事を止めても、工期の延長や追加費用はなかなか施主にのんでもらえない。ゴールデンウィークというまとまった休みが予定されていたこともあり、自社で負担できる範囲で工事を止め、連休明けから順次再開したのが実態だ。

公共工事では、国土交通省が、新型コロナ対応で受注者側から中断の申し入れがあった場合は追加費用や工期延長に柔軟に対応する、としていた。が、国交省が発注する直轄工事でも、中断したのは約280件にすぎない（4月末時点）。約7000件ある直轄工事の4％だ。「下請けのことを考えると工事は止められなかったのではないか」（準大手幹部）。

現時点でゼネコン各社は「受注しているものや内示を受けているもので延期や中止になった工事はない」（大林組の蓮輪賢治社長）という。19年度末の大手建設会社50社の受注残高合計は約18兆円（国交省調べ）。前年度比微減だが過去10年ではかなりの高水準だ。案件にもよるが、大型プロジェクトの工期は3〜5年。金融緩和に支えられた都市部の再開発やJR東海が進めるリニア中央新幹線など、大型プロジェクトが積み上がっている。

これまでスーパーゼネコンは、東京五輪前の施設整備が一巡する20年度に完成工事高はいったん落ち込むものの、22〜23年度に再びピークを迎えるとそろばんをはじいていた。そして業績が好調なこの時期に、作業員の待遇改善や施工の自動化、3次元図面・BIMを活用したデジタル化などで生産性を高め、その後に迫る人手不足や市場縮小を乗り切る算段だった。

だが、コロナ禍でこうしたシナリオは崩れ去ろうとしている。20年度の民間建設投資は8％減少する見通しだ（建設経済研究所調べ）。とくに客足不調の「店舗」、設備投資抑制に動く「工場」、ホテルが含まれる「その他」の減少幅が大きい。「東京五輪への対応でゼネコン各社は受注を積み上げていた。製造業は調整局面だったこともあり工場投資が2割ぐらい落ちるのは当たり前。豊富な受注残があるのでゼネコンの業績がすぐに悪化するわけではないが、コロナ禍が長引けば、地方の建設会社に波及し地方経済や雇用者所得に影響するかもしれない」（建設経済研究所の三浦文敬研究理事）。

■ **2020年度は民間投資が急落へ**
—建設投資の推移と予測—

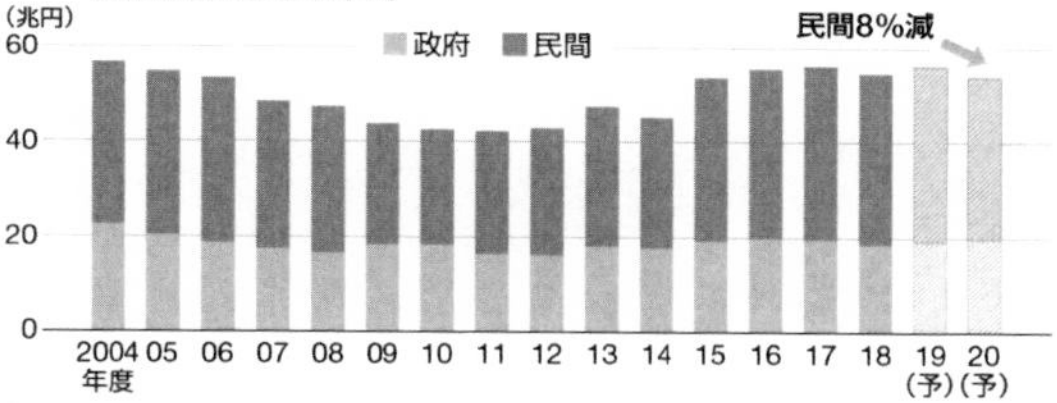


(注)数値は実質値　(出所)国土交通省「建設投資見通し」、建設経済研究所「建設経済モデルによる建設投資の見通し」(2020年5月版)

■ **店舗や工場は2桁減か**
—分野別の非住宅着工面積の予測—

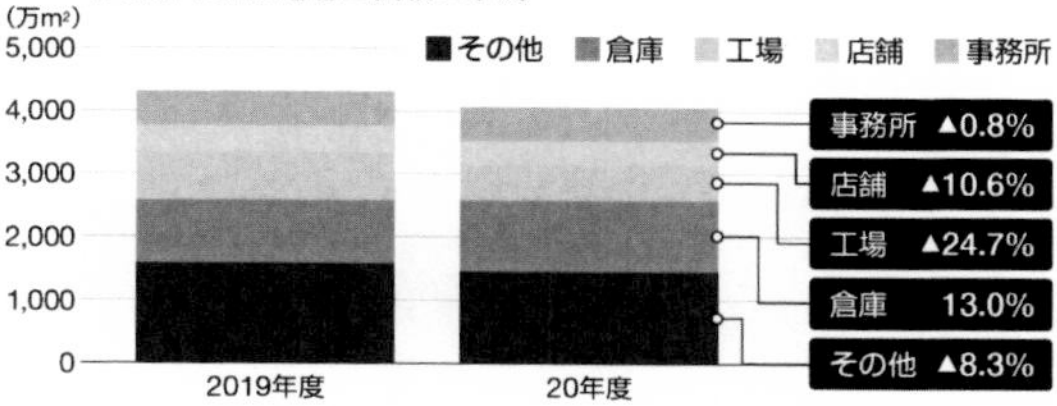


(注)その他は学校、病院など。両年度とも予測値。囲みの数値は2019年度比増減率で▲はマイナス　(出所)建設経済研究所「建設経済モデルによる建設投資の見通し」(2020年5月版)

もう1つ懸念されるのが、リニューアル工事など修繕関連だ。建物の改修やレイアウト変更といったもので、期中に受注し、期中に完成してしまうものが少なくない。「今期の業績がどこまで落ち込むか見通せない。設備投資の大半は下期に先送りするようトップから指示が飛んでいる」と大手金属メーカーの財務担当者が言うように、緊急性が高くない修繕工事は、業績が悪くなると先送りする発注者が少なくない。

スーパーゼネコンの場合、リニューアル工事は単体売上高の15~20%を占める。

大成建設は前期の受注が少なかったことやリニューアル工事が落ち込むことを受け、21年3月期の完成工事高が減少し、営業利益は810億円へ前期比51%減となる見込みだ。今期が最終年度の中期経営計画が大幅な未達となることが明らかなため、村田誉之社長が引責辞任する結果となった。

公共工事の発注にも暗雲が漂う。コロナ禍への対応を優先したり、税収の落ち込みに備えたりするため、静岡市は入札を予定していた旧清水市にある市庁舎の移転新築のほか、水族館など海洋文化施設、歴史文化施設の計3プロジェクト（総額約400億円）の発注を停止した。

東京都も築地市場の跡地再開発や旧こどもの城の改修工事など、発注先送りを決めた。過去数十年にわたって計画され、最近ようやく実施が決まった兵庫県のJR芦屋駅南地区の再開発は年内メドに方針が見直される。海外では米グーグルのグループ会社がカナダで進めていたスマートシティー開発計画が中止となった。

影響を受けるのは全国展開する大手ゼネコンだけではない。地方では案件が乏しく、公共工事頼みの構図は従来と変わっていない。衰退する地方の建設会社は、地元のインフラ整備や災害時の復旧工事を行うなど「地域の守り手」としての役割に活路を見いだそうとしている。

群馬県建設業協会が6月に発表したアンケート結果によれば、会員企業242社の多数で工事の遅れが発生。今後1年の売上高が減少に転じると予想している会社は全体の8割弱に達した。いずれも「景気の先行きを懸念して、発注者が計画を見直したり、資金繰りが悪化したりしたことが要因。財政悪化で公共事業の減少も懸念される」(群馬建協の青柳剛会長)。

青柳会長は16年に、地場建設会社が災害復旧などに備えて最低限の体力を維持できるよう「限界工事量」を確保すべきだと国交省や与党などに提言した。「自然災害が頻発している状況を忘れてはならない。災害対応組織力を維持していくために、コロナ禍でも事業量の確保をまず求めていかなければならない」と指摘する。

## 事業構造は変わったか

建設業界はこれまでも、政府や民間の建設投資が落ち込めば、競争が激化し受注時採算が悪化、低採算の工事が収益を圧迫するというサイクルをたどってきた。

こうした景気に左右される事業構造から脱却する取り組みも進み始めている。準大手の前田建設工業はインフラ施設の運営受託を強化し、既存の請負事業と脱請負事業を組み合わせたビジネスモデルを模索する。大林組も脱本業宣言で、建設事業以外のテコ入れを急ぐ。

「バブル超え」——。近年の好調ぶりはそう評されてきた。山が高ければ、谷もまた深い。ゼネコンもコロナ禍で深淵をのぞくことになるのか。転機を迎えているのは間違いない。

（松浦　大）

# 「〝脱請負〟で建設業界にルールチェンジを起こす」

前田建設工業 取締役専務執行役員・岐部一誠

準大手ゼネコンの前田建設工業は、建設分野の「請負事業」と、道路などインフラ施設の運営を受託する「脱請負事業」の2つを融合させた総合インフラサービス企業への転換を模索する。コロナ禍後、建設業のビジネスモデルはどう変わるかを聞いた。

――ゼネコン各社で工事の中断が相次ぎました。

最初にコロナの騒ぎが起きたとき、僕は「焦点は契約書だ」と直感した。感染拡大防止のために工事を中断した場合、誰の責任になるのか、契約書では明確になっていないからだ。

契約書に書いてないから工事を中断したときの費用を発注者が負担する必要はない。ゼネコン側は、自社で費用負担できるところまでしか工事を中断しない。ゴールデンウィーク明けに多くのゼネコンが工事を再開したのは、コストを負担できないからだろう。

今回露呈したのは、（工事契約の定型である）民間連合協定約款や国土交通省の建設工事標準約款において、疫病に関する「逸失利益」と「不可抗力」の内容が明確になっていないということだ。発注者側が負担する逸失利益は、台風や地震などで実際に壊れた物損だけが対象で、請負側が契約する損害保険も同様だ。

現在の約款や契約書は日本的な信用に基づいて、「何か起きたら協議しましょう」と書いてある。だから誰も契約書で仕事をしてないし、契約書には品質と工期とお金以外は何も書いてないに等しい。

だが、それではグローバルな競争に勝ち残れない。当社がコンセッション（公共施設運営受託、いわゆる民営化）で運営する愛知県の有料道路や国際展示場の契約書では、逸失利益は物損以外も協議の対象に含まれる扱いにしている。不可抗力の項目には疫病も入っている。契約期間が数十年にわたることや、グローバルな投資家（の出資）を想定しているので、明確にしなければならないからだ。

**――各社の業績は好調ですが、コロナ禍で潮目は変わりますか。**

コロナ禍の影響は、今は誰にもわからない。ただ、当社の受注情報から見通すと、さほど落ち込むことにはなっていない。

建設業はタイムラグがある。20年の売り上げのほとんどがコロナ禍前に受注したもので、今期の決算にはあまり影響はない。だが、発注が少ないと競争が激しくなり、受注時の利益率が下がって数年後にドカンとくる可能性はある。

そもそも請負業で差別化するのは難しい。発注者が建物の仕様などの要件定義をするし、公共事業では設計までやってしまう。景気変動にも左右されやすい。一定の品質を満たせれば、あとはコスト競争になる。だから「脱請負」をする必要がある。

**――コロナ後に建設業のビジネスモデルは変わるのでしょうか。**

僕らは建設業界に（脱請負という）ルールチェンジを起こそうとしている。放っておいたらルールチェンジは起こらない。

コロナ禍でテレワークが進み、ラッシュ時の通勤や夜の接待をしなくてよくなった。これまでは契約書の問題を含め、グローバル化やイノベーションを生み出すのに不都合なことが日本にはたくさんあった。こうしたことがいい方向に動き、社会が変われば、建設業の変化にもつながっていく。

地方自治体の財政は厳しくなるだろう。水道や道路などインフラ運営の費用負担は重い。今まではコンセッションに抵抗のある人が多かったが、今後はコンセッションをやるべきだという論理が勝り、流れが加速すると予測している。

コロナ禍は、ネガティブなことも一定程度ある。だが、起きてしまった以上、僕らが進めようとしているルールチェンジに追い風が吹くことを期待している。

（聞き手・松浦　大）

**岐部一誠（きべ・かずなり）**
1961年生まれ、86年入社。2007年に総合企画部長を経て、10年に執行役員、16年に取締役就任。20年より現職。コンセッション分野の理論的、実務的な推進役として業界内外で知られる。

## 施工自動化の未来と現実

新型コロナウイルスの感染拡大防止の切り札となりそうな技術が、施工の自動化だ。指示を与えれば自動で作業するため、従前の人手不足対策だけでなく、3密対策にも有効だからだ。

こうした状況下、鹿島が土木分野で進めるのが「クワッドアクセル」だ。クワッドは市販のブルドーザーやダンプカーなどにセンサーやGPS、制御用PCを搭載して自動機能を付加し、「作業情報を送信すると自動運転で作業する」（鹿島技術研究所の三浦悟プリンシパル・リサーチャー）点に特徴がある。

現場では、天候や作業内容が日々変わるほか、工事が完了すれば現場ごと移動する必要がある。そこで鹿島はダム工事に着目した。本体を盛り立てていくには、ダンプで土砂やコンクリートなどの材料を運搬し、それをブルドーザーで敷きならし、振動ローラーで締め固める作業を何千、何万回と繰り返す必要があるからだ。同社は2015年の五ケ山ダム（福岡県）工事を皮切りに、これまでに3件のダム工事でクワッドを導入。20年7月には成瀬ダム（秋田県）工事で全面適用し、ピークの22年には23台の建機を同時に動かす計画を立てている。

鹿島に限らず、ゼネコン各社は1980～90年代にかけて自動建機や鉄骨溶接ロボットなどを開発した。ただ、当時は高額なのに特定の作業しかできなかったことに加え、準備を整えるのに手間がかかり、定着しなかった経緯がある。

その後、転機となったのが東日本大震災で発生した福島第一原子力発電所の事故。鹿島が請け負った原子炉建屋の解体工事では、発生する放射線量の高い解体がれきを撤去し、保管場所まで搬送する必要がある。当初、高線量がれきを鋼製コンテナに入れて、遠隔操縦で解体場所から地下の保管施設まで運搬する計画だった。そこで作業員の被曝量を下げ、効率を上げるために、クローラーダンプやフォークリフトを改造し、自動で搬送するシステムを作った。

「現場条件は刻々と変わるため、施工の自動化は無理だろうという空気があった。でも、自動運搬システムによって、実現不可能ではないことがわかり、今では全社で自動化を推進している」と、三浦氏は語る。

クワッドは作業情報を送れば自動運転で作業するので、最少人数で多くの建機を同時に動かせる。当面は、30%の生産性向上を遂げるのが目標だ。

## 過酷な作業はロボット化

自動化が始まっているのは建築分野も同じこと。建設現場では「職人が現地で一品生産する。ロボットが作業の一部を担ってくれれば、省人化とともに3密回避もできる。親和性は高い」と、清水建設で生産技術を担当する印藤正裕専務執行役員は説明する。

同社の建築部門が07年と17年で、各作業工程における稼働人員がどれほど変化したかを比較したところ、基礎や躯体といった工事では、鉄骨化や事前にコンクリートを工場で成形するプレキャスト化を進めることで10%近く省人化が図られていた。

一方で、進んでいなかったのは設備や仕上げといった分野だ。「現場に聞くと、建物1棟建てるのに、構造体はクレーンを使うが、ほとんどの仕上げ材料や設備材料は人が台車などで何千トン、何万トンの資材を運び込んでいる。またミリ単位の精度、同じ速さで作業することが求められる鉄骨の溶接も負担が重い。溶接工の不足もあり、何とかしてほしいという要望が強かった」（印藤専務）。

そこで、17年に次世代の先端技術と融合させた建築生産ビジョン「シミズスマートサイト」を策定。自律型ロボットと人が一緒に工事を行えるように、溶接や資材運搬、天井仕上げ作業を自動化するロボットを開発した。現在10件の現場で導入実績があり、今後さらに10現場で計画を立てる。

実際に大阪のホテル建築現場に3種類のロボットを導入、試験施工をしたところ、各作業で約70％の省人化を実現した。

ただし、全体では途方もない作業工程があるため、現在のロボットの性能やラインナップでは建築現場の生産性は1・1％の改善にとどまる。「生産性向上の目標を20％とし、半分をロボットで担うとすると、全国の各現場に2～10台のロボットを置く必要がある。（現状の台数は少なく）まだまだ始まったばかり」（印藤専務）。

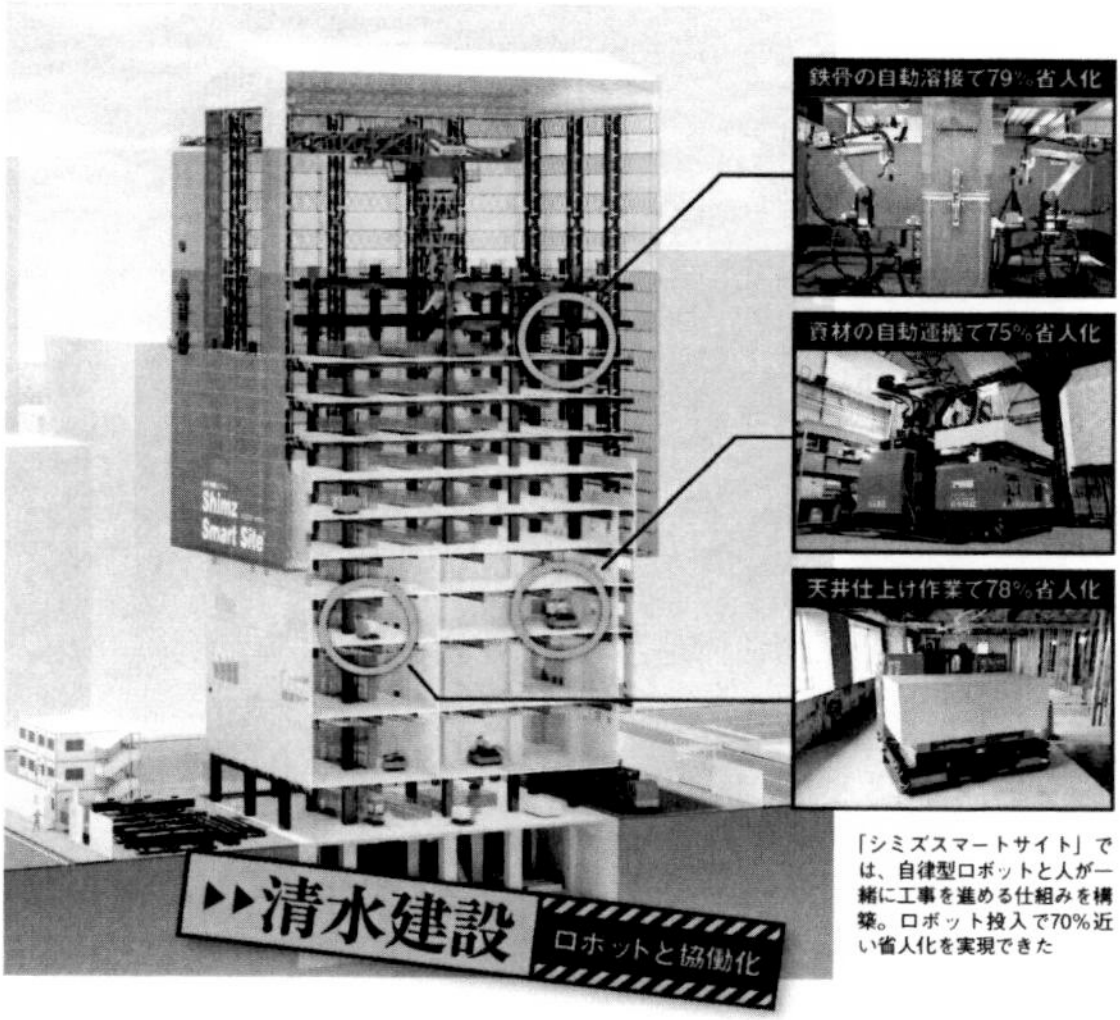

鉄骨の自動溶接で79%省人化
資材の自動運搬で75%省人化
天井仕上げ作業で78%省人化
Shimz
Smart Site
▸▸清水建設
ロボットと協働化

「シミズスマートサイト」では、自律型ロボットと人が一緒に工事を進める仕組みを構築。ロボット投入で70%近い省人化を実現できた

鹿島も18年から作業の半分はロボット、管理の半分は遠隔化、そして全プロセスをデジタル化するという3点からなる「鹿島スマート生産ビジョン」を掲げる。

現場の管理面では各所にカメラを置き、事務所にいながら遠隔で状況の確認や情報の共有を進めている。「コロナ禍で管理の半分ではなく、8割を遠隔化するように目標を引き上げたい。ただ、現場管理の基本である3現主義（現場で現物を現実に確認する）は必ず実践しなければならないため、新たな管理手法やツールの開発をする必要がある」と、技術開発を統括する伊藤仁常務執行役員は言う。

現在、一部の現場で入退場管理に顔認証を行っているが、10月には検温システムを加え、12月までに土木、建築の全現場で導入する計画だ。21年度からは作業員に自社専用のスマートフォンや専用アプリを導入し、作業プロセスを洗い出す計画を立てている。こうした仕組みは生産性だけでなく、コロナ患者への濃厚接触者の把握にも有効だ。

労働集約産業の代表格とされる建設業は、コロナ禍でも着実に省人化を進めている。

（松浦　大）

INTERVIEW

# 大箱の超高層都市は終わり自然との一体型へ変わる

建築家

KENGO KUMA

## 隈 研吾

INTERVIEW

# 「大箱の超高層都市は終わり　自然との一体型へ変わる」

建築家・隈　研吾

日本のオフィスや住宅はどのように変わるのか。建築界の第一人者、隈研吾氏に聞いた。

**――コロナ禍は、建築にどんな影響を及ぼしますか。**

まず、都市の定義が変わる。われわれが今、都市と思っているものは20世紀に米国が定義した都市だ。オフィスや工場といった「大きな箱」をつくり、そこに人を集めて効率的に働かせている。郊外から都市へと人を送り迎えするのも電車や自動車という「鉄の箱」だ。

しかし、この都市の形ができてまだ100年ぐらい。日本がそうなったのは第2次世界大戦後だから数十年ぐらい。今回のコロナ禍により、そのような都市は時代遅れでその先を考えなければいけない、ということを突きつけられた。

## ——時代遅れですか。

大箱＝効率的という大前提が崩れた。ICTが進化し、今はどこにいても仕事ができる。大箱に詰め込まれて働くことは、むしろストレスになる。これからは分散型のライフスタイルや働き方が基本になってくる。

## ——分散型の働き方とは？

分散型というと、オフィスを都心から郊外に移し、その周辺に住むと思われがちだ。しかし、それも大箱の中に人を詰め込む形は変わらない。人がもっと自由に仕事をするのがこれからのスタイルだ。

――箱ではないところで働く、とはどういうことですか。

「多様性」がキーワードだ。多様な場所で働く人を上手にネットワークして効率を上げることが重要になる。郊外の自宅で働く人、都市のオフィスで働く人、さまざまな場所で働く人が、ネットワークでつながり、1つの事業や1つのプロジェクトを進めていく形が、これからの働き方になる。

ただし、今の家は都市への通勤を前提にした20世紀型のデザイン。働くのに適した家を造る必要がある。郊外にコワーキングスペース（複数の人で共用する事務所）を借りて仕事をするのもいいだろう。

ここ10年ぐらい「ライフスタイル型のホテル」が増えている。ロビーなどのスペースをコワーキング型にして、仕事のできる環境へ整備したホテルのことだ。「ハイアット セントリック」など、各ホテルブランドが新シリーズを立ち上げている。旅をしながらそうしたホテルを回って仕事をするというスタイルもある。

ほかにも、「1人サテライト」という方法がある。

## ――1人サテライト?

私の事務所ですでに導入している。富山にある2つの工事現場を確認するために、毎週のように飛行機で出張していたスタッフがいた。しかし、コロナ禍で県外の移動を禁じられた。そこで富山にアパートを借りてもらった。そこで彼は富山以外の仕事もしている。普通のアパートやマンションでいい。Wi-Fiの通信環境が整っていて、図面を描けるパソコンや機材を置くスペースがあればいい。

そういう働き方をすれば簡単に大箱から脱出できる。箱からの脱出というと、都会の事務所を全部郊外へ移さないといけない、と大げさに考える人が多い。しかし、明日から、誰もが箱から脱出できる。

## ――都心にある既存のオフィスはどうなりますか。

スペースが空くが、そこはリノベーションをして、さまざまな用途に使えばいい。例えばオフィスのワンフロアを住居にする、あるいはコワーキングのできるホテルにする。構造的にさほど難しいことではない。用途変更の確認申請を出さなくてはいけないが、その手続きを簡略化してもらえれば、転用が促進される。

## 人がもっと自由になる

――都市はどう変わりますか。

今ある超高層の高密都市から、環境一体型の都市へ変わっていくだろう。都市だから高いビルが必要、ということはない。これからは高いビルがおしゃれではないと見なされる可能性がある。もっと自然を大切にし、環境と一体化した都市に変わっていくだろう。

――高いビルは必要ない?

高いビルに住んでいる人ほどエリート、というのは古い価値観だ。これからは都心の高いビルよりも、自然の中の低層のビルに本社を構える企業が増えてくるのではないか。コロナはそのきっかけになる。

いま輝いているIT企業の本社の多くは、新しい高層ビルを渡り歩く形になっている。しかし、それは変わっていくだろう。人々におしゃれだと思われることがビジネスに直結する企業は、緑の中のオフィスや、リモートのワーキングスタイルなど、新しい企業理念をアピールできる本社のあり方を模索している。

## ――働く人はどう変わりますか。

時間から自由になれる。みんなが定時に通勤して都心のオフィスを使うというのは20世紀型の発想だ。通勤時の交通の負荷も高い。早朝に働く人とか、夕方以降に働く人とか、多様なほうがいい。そのほうが密を避けることができる。アフターコロナの社会にいい。都市にとって健康なことだと思う。

感染症に強い都市とは、各人が勝手に生きられるところだ。1つの場所に閉じ込められ、1つの時間帯に働くという優等生的な都市ではなく、各人に自由度があるほうが感染症には強い。

そうした意味で、働く人一人ひとり、個人個人が変革を迫られる。どこに住み、どこで働き、時間をどう使うか。それを自分でデザインすることが求められる。
日本人は米国発の大箱型のシステムに優等生的に従ってきた。ここから変わるのは苦手かもしれない。しかし、都市構造としてみると、江戸の町は決して大箱型ではない。低層型でストリートと建築は融合していた。日本が大箱型の都市になったのはたかだか戦後数十年の話。日本人が新しいワーキングスタイルを発見する可能性は十分ある。

（聞き手・福田　淳）

**隈　研吾（くま・けんご）**
1954年生まれ。東京大学大学院修了。90年隈研吾建築都市設計事務所設立。丹下健三の代々木屋内競技場に衝撃を受け、幼少期より建築家を目指す。20カ国を超す国々で建築を設計し、国内外でさまざまな賞を受けている。

【週刊東洋経済】

本書は、東洋経済新報社『週刊東洋経済』2020年7月4日号より抜粋、加筆修正のうえ制作しています。この記事が完全収録された底本をはじめ、雑誌バックナンバーは小社ホームページからもお求めいただけます。

小社では、『週刊東洋経済 eビジネス新書』シリーズをはじめ、このほかにも多数の電子書籍ラインナップをそろえております。ぜひストアにて「東洋経済」で検索してみてください。

『週刊東洋経済 eビジネス新書』シリーズ

No.322 ハワイvs.沖縄 リゾートの条件

No.323 相続の最新ルール

No.324 お墓とお寺のイロハ

No.325 マネー殺到! 期待のベンチャー

No.326 かんぽの闇 保険・投信の落とし穴

No.327　中国　危うい超大国
No.328　子どもの命を守る
No.329　読解力を鍛える
No.330　決算書&ファイナンス入門
No.331　介護大全
No.332　ビジネスに効く健康法
No.333　新幹線　vs.　エアライン
No.334　日本史における天皇
No.335　EC覇権バトル
No.336　検証！　NHKの正体
No.337　強い理系大学
No.338　世界史&宗教のツボ
No.339　MARCH大解剖
No.340　病院が壊れる

週刊東洋経済eビジネス新書　No.352
コロナ時代の不動産

【本誌（底本）】
編集局　一井　純、松浦　大、福田　淳
デザイン　杉山未記、佐藤優子
進行管理　下村　恵
発行日　2020年7月4日

【電子版】
編集制作　塚田由紀夫、長谷川　隆
デザイン　市川和代
表紙写真　尾形文繁
制作協力　丸井工文社

発行日　２０２１年１月１２日　Ver.1

発行所　〒１０３‐８３４５
東京都中央区日本橋本石町１‐２‐１
東洋経済新報社
電話　東洋経済コールセンター
０３（６３８６）１０４０
https://toyokeizai.net/

発行人　駒橋憲一



電子書籍化に際しては、仕様上の都合などにより適宜編集を加えています。登場人物に関する情報、価格、為替レートなどは、特に記載のない限り底本編集当時のものです。一部の漢字を簡易慣用字体やかなで表記している場合があります。本書は縦書きでレイアウトしています。ご覧になる機種により表示に差が生じることがあります。

本書に掲載している記事、写真、図表、データ等は、著作権法や不正競争防止法をはじめとする各種法律で保護されています。当社の許諾を得ることなく、本誌の全部または一部を、複製、翻案、公衆送信する等の利用はできません。

もしこれらに違反した場合、たとえそれが軽微な利用であったとしても、当社の利益を不当に害する行為として損害賠償その他の法的措置を講ずることがありますのでご注意ください。本誌の利用をご希望の場合は、事前に当社（TEL：03-6386-1040もしくは当社ホームページの「転載申請入力フォーム」）までお問い合わせください。